Weben
für Kreativkids

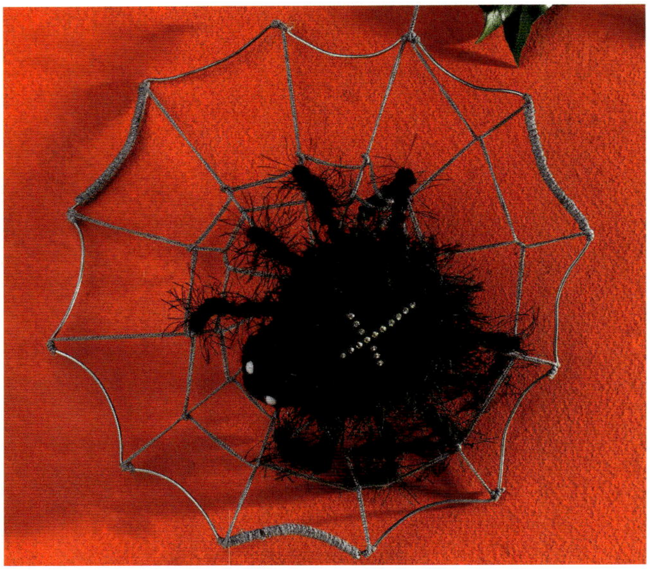

Vorwort

Weben ist eine Kunst, mit der du spielend die tollsten Dinge machen kannst – ob besonderen Schmuck, eine indische Tasche, Jonglierbälle und sogar eine Gruselspinne in ihrem Netz ist dabei, aber auch ganz praktische Dinge, wie Handytaschen, Tassenwärmer und noch mehr! Du möchtest dein Zimmer verschönern oder suchst ein passendes Geschenk für deine Freunde, Eltern oder Geschwister? Hier findest du einen tollen Ideenschatz für originelle, verrückte und liebevolle Dinge, die Freude machen.

In diesem Buch ist für jeden etwas dabei, für Mädchen und Jungen, Kleine und Große, Anfänger und Profis. Weben ist eine tolle Beschäftigung für kreatives Gestalten in der Schule oder zu Hause und ein Spaß für die ganze Familie. Du wirst sehen, dass man nicht nur aus Wolle, sondern auch aus ganz ungewöhnlichen Materialien, wie Kleidungsstoffresten und Plastiktüten fantastische Dinge zaubern kann. Es werden 21 Ideen vorgestellt. Du kannst sie der Anleitung entsprechend nachweben oder deiner Kreativität freien Lauf lassen, indem du Farben und Materialien variierst – ganz so, wie es dir gefällt.

Neben einer Vielfalt an außergewöhnlichen Webideen bietet dir dieses Buch genaue Schritt-für-Schritt-Anleitungen mit bunten Abbildungen. Sie zeigen dir, wie's geht, sodass du problemlos eigene Ideen verwirklichen kannst. Außerdem wirst du überrascht sein, welche alltäglichen Gegenstände sich als Webrahmen eignen!

Ute Fischer

Materialkunde

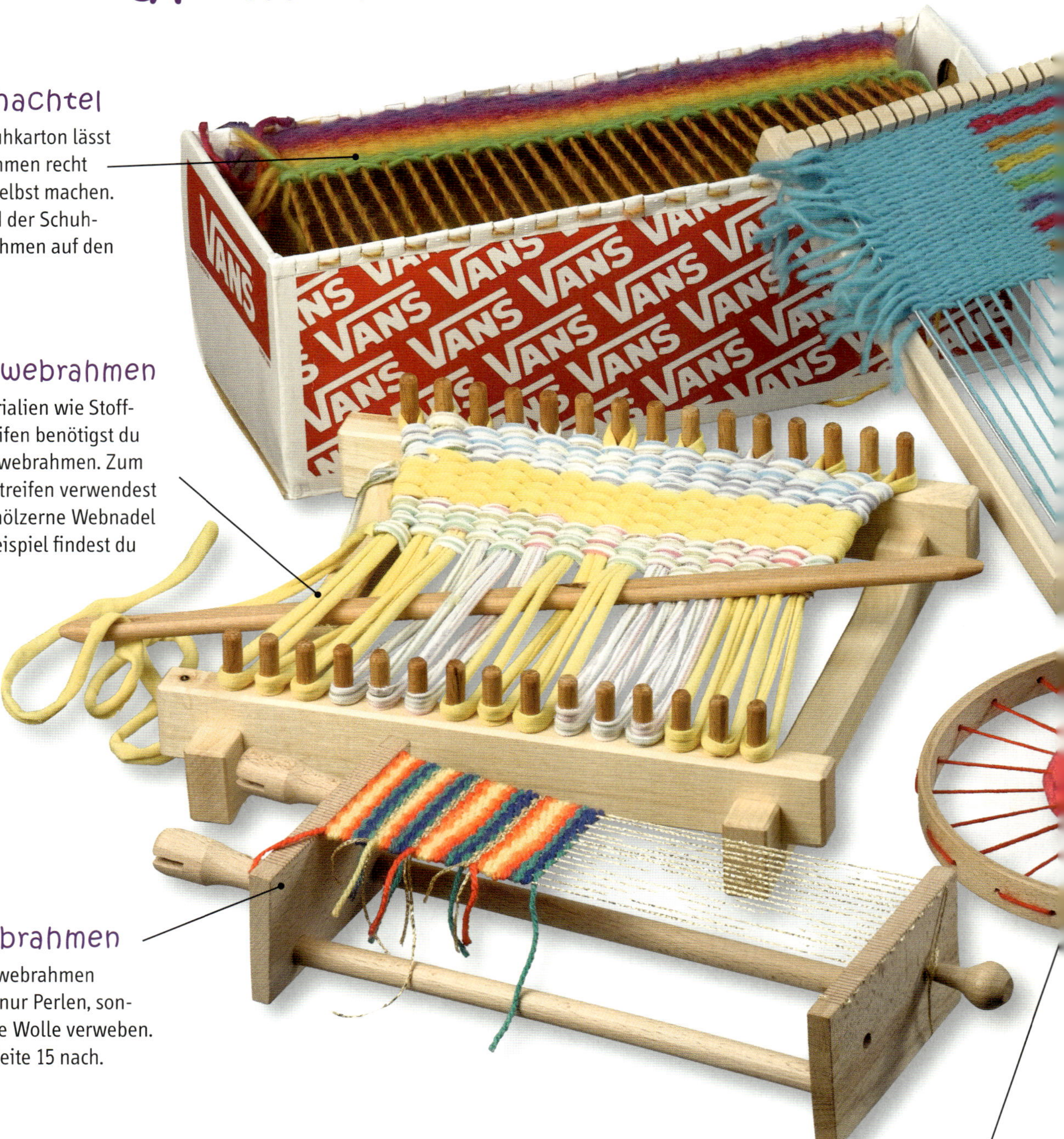

Schuhschachtel

Aus einem Schuhkarton lässt sich ein Webrahmen recht unkompliziert selbst machen. Verwendet wird der Schuhschachtelwebrahmen auf den Seiten 12–14.

Stäbchenwebrahmen

Für grobe Materialien wie Stoff- oder Plastikstreifen benötigst du einen Stäbchenwebrahmen. Zum Verweben der Streifen verwendest du eine große, hölzerne Webnadel aus Holz. Ein Beispiel findest du auf Seite 40.

Perlenwebrahmen

Auf dem Perlenwebrahmen kannst du nicht nur Perlen, sondern auch dünne Wolle verweben. Schau mal auf Seite 15 nach.

Rundwebrahmen

Einen Rundwebrahmen benötigst du zum Weben von Kreisen. Er hat 25 Löcher und einen Durchmesser von 22 cm. Zum Bespannen nimmst du dünnere Wolle, die durch die Löcher passt. Zum Weben kannst du dickere Wolle verwenden. Was man darauf Originelles weben kann, siehst du auf den Seiten 34.

Kinderwebrahmen

Ein Kinderwebrahmen eignet sich besonders gut für Anfänger. Er hat eine Größe von 24 cm x 18 cm und auf beiden Seiten einen Metallstab. Du kannst ihn auch mit etwas dickerer Wolle bespannen. Verwendet wird er für die Modelle von Seite 12–14. Zum Weben benötigst du eine Webnadel oder ein Webschiffchen und einen Kamm.

Pappwebrahmen

Benötigst du eine andere Größe, kannst du auch aus einem Stück fester Pappe einen Pappwebrahmen herstellen, wie bei der indischen Tasche auf Seite 21.

Metallring

Auch ein Metallring eignet sich als Webrahmen – auf Seite 58 erfährst du mehr dazu.

Runder Pappwebrahmen

Sollen die Spannfäden nicht durchgeschnitten werden wie zum Beispiel bei den Jonglierbällen auf Seite 64, musst du dir einen runden Pappwebrahmen herstellen. Du kannst auch mit Bast darauf weben wie bei der Dose auf Seite 30.

Ohne Webrahmen weben

Du kannst auch ohne Webrahmen weben. Beispiele dazu findest du auf den Seiten 10/11.

Gewusst wie

Material

Du kannst mit und ohne Webrahmen und mit den unterschiedlichsten Materialien weben z. B. mit verschiedenen Wollarten, mit Papier-, Stoff-, Filz- oder Plastikstreifen mit Bast, Schnur und Scoubidoubändern, aber auch mit Naturmaterialien wie Weide und Gräsern.

Webrahmen bespannen

Wenn du auf einem Webrahmen weben möchtest, benötigst du immer Spann- und Webfäden. Die Spannfäden sind je nach Webrahmentyp unterschiedlich lang. Normalerweise sind die Spannfäden dünner als die Webfäden – du kannst aber auch gleich dicke Fäden verwenden, dann erhältst du eine Struktur wie beim Armband auf Seite 18.

Achte auf die Besonderheiten: Zum Bespannen des **Perlenwebrahmens** benötigst du festes Baumwollgarn, das du durch jeden zweiten Schlitz führst.

Beim **Kinderwebrahmen**, der Schuhschachtel und dem rechteckigen **Pappwebrahmen** hingegen verknotest du den Spannfaden links oben und führst ihn von oben nach unten und wieder zurück durch alle Schlitze. Das Fadenende wickelst du seitlich um die Schlitze.

Beim **Rundwebrahmen** nummerierst du zuerst die Löcher von 1–25, verknotest dann den Spannfaden am ersten Loch und fädelst ihn mit Hilfe einer Wollnadel durch Loch 14. Danach durch Loch 15 und zurück zu Loch 2, dann zu Loch 3 und anschließend zu Loch 16 usw. Das Fadenende führst du zuerst unter und dann zurück über den Mittelpunkt aller Fäden. Dann ziehst du es etwas an, um die Mitte zu fixieren. Danach verwebst du den Fadenrest, indem du ihn abwechselnd über und unter einen Spannfaden legst.

Weben

Wenn du ein Gewebe herstellen möchtest, musst du deinen Webfaden immer abwechselnd über und unter einen Spannfaden legen und den Faden in jeder zweiten Reihe versetzen. Beim rechteckigen Webrahmen beginnst du rechts unten, beim Rundwebrahmen in der Mitte. Beim Rundwebrahmen musst du außerdem darauf achten, dass du eine ungerade Zahl Spannfäden hast, damit sich der Webfaden automatisch versetzt.

Damit sich dein Webfaden nicht verknotet, sollte er nie länger als 1,50 m sein. Beim Wenden darfst du den Webfaden nicht zu fest anziehen, da sich dein Webstück sonst zusammenzieht. Beim Kinderwebrahmen webst du aus diesem Grund um die Metallstäbe herum, damit dein Rand gerade bleibt. Zwischendurch musst du dein Gewebe mit den Händen oder mit einem Webkamm immer wieder nach unten drücken, damit es gleichmäßig und stabil wird.

Neuer Faden

Mit einem neuen Webfaden beginnst du am gleichen Spannfaden, bei dem du mit dem anderen Faden aufgehört hast. Die Enden lässt du jeweils etwa 2 cm hängen. Stoffstreifen nähst du mit Rückstichen links auf links zusammen, damit du später keine Enden vernähen musst. Plastikstreifen kannst du mit Klebefilm zusammenkleben.

Modelle beenden

Webst du deinen Webrahmen ganz voll, hebst du das Gewebe zuerst vom Rahmen und streichst es danach vorsichtig mit dem Webkamm nach beiden Seiten zu den Schlingen hin aus. Webst du deinen Webrahmen nur halb voll, musst du die oberen Schlingen in der Mitte durchschneiden und die Fäden mit einer Wollnadel im Gewebe vernähen. Dasselbe machst du mit den Fäden, die seitlich herunterhängen.

Beim Rundwebrahmen schneidest du die Fäden außen am Rahmen durch, verknotest zwei nebeneinander liegende miteinander oder vernähst sie im Gewebe. Beim runden Pappwebrahmen biegst du die Abschnitte leicht nach vorne und hebst die Schlingen darüber. Die Fadenenden in der Mitte schneidest du mit einer Schere ab.

Weben mit Strickfilzwolle

Möchtest du mit Strickfilzwolle weben, müssen sowohl Spann- als auch Webfäden aus dieser Wolle sein, da dein Gewebe sonst nicht richtig verfilzt. Das Modell wird in der Waschmaschine bei 40 °C (zusammen mit farbähnlicher Wäsche) gewaschen und so verfilzt. Herunterhängende Fäden kannst du nach dem Verfilzen mit der Schere einfach abschneiden.

Pompon herstellen

1 Mit Hilfe der Vorlage stellst du zwei Pappringe her, die du genau übereinanderlegst.

2 Zum Umwickeln benötigst du mehrere 1,50 m lange Wollfäden, die du in festen Schlingen um die Pappringe windest. Du kannst dazu auch eine Wollnadel verwenden.

3 Ist das Loch in der Mitte ausgefüllt, schneidest du die Wolle mit der Schere ringsherum auf, legst einen reißfesten Faden zwischen die Pappringe und bindest die Wolle ab.

4 Zum Schluss entfernst du die Pappschablone und schneidest den Pompon eventuell in Form.

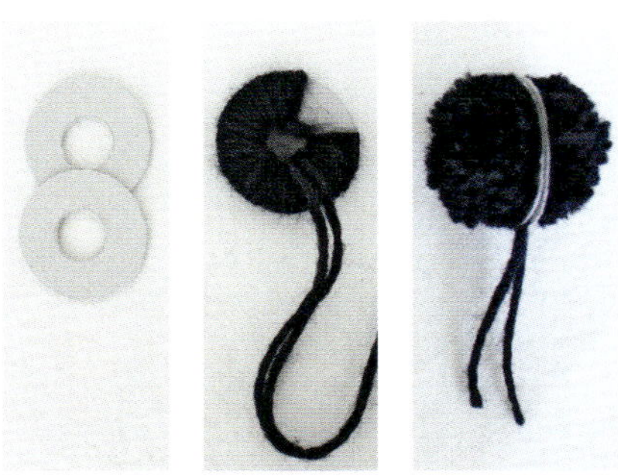

Nähstiche

Vorstich
Den Vorstich arbeitest du von rechts nach links. Zuerst stichst du von unten durch den Stoff und ziehst den Faden bis zum Knoten durch. Danach stichst du mit der Nadel nach unten und kurz danach wieder nach oben durch den Stoff. Du kannst auch zwei bis drei Stiche auf einmal nähen – die Abstände zwischen den Stichen sollten ungefähr gleich groß sein.

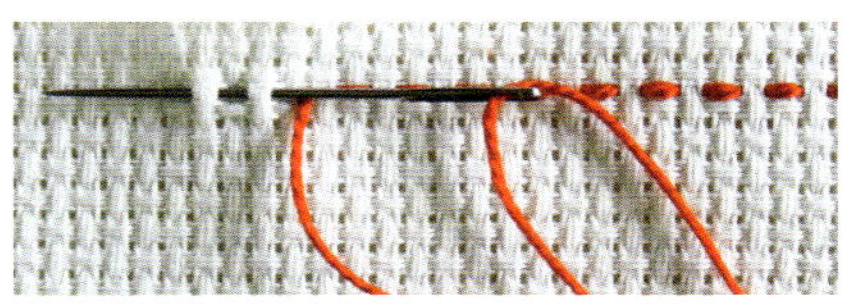

Rückstich
Zuerst nähst du einen Vorstich. Dann stichst du mit etwas Abstand von unten nach oben durch den Stoff und stichst am Vorstich wieder ein. Danach stichst du etwas weiter vorne wieder aus und wiederholst den Vorgang.

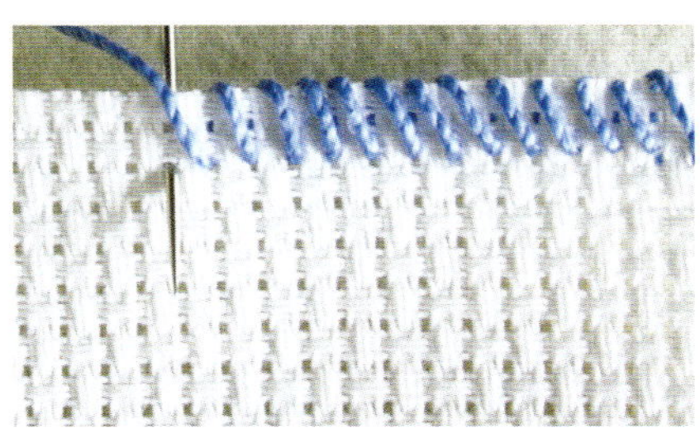

Überwendlichstich
Der Überwendlichstich eignet sich zum Einsäumen von Stoffkanten oder um Stoffteile miteinander zu verbinden. Zuerst stichst du von unten durch den Stoff, stichst etwas weiter weg von oben durch das andere Stoffteil und wiederholst diesen Vorgang fortlaufend. Wenn du kleine Stiche machst, sieht man sie kaum.

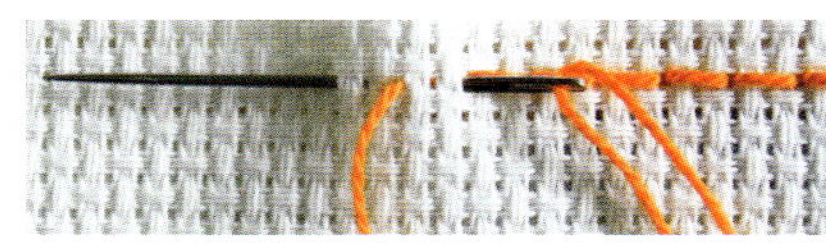

Schlingenstich
Dieser Stich wird von links nach rechts gearbeitet und eignet sich dazu, um Ränder einzufassen oder Stoffstücke miteinander zu verbinden. Du stichst von unten nach oben aus und ziehst den Faden bis zum Knoten durch den Stoff. Danach stichst du die Nadel mit etwas Abstand rechts davon durchs Gewebe, legst den Faden unter die Nadelspitze und ziehst ihn anschließend durch. Diesen Vorgang wiederholst du fortlaufend.

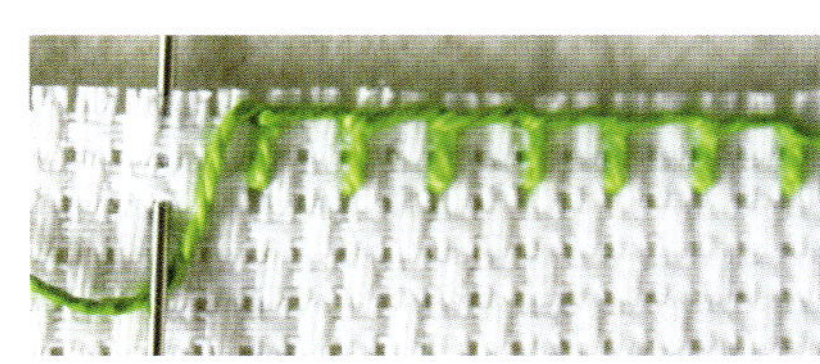

Meine Mode

Du machst dich gerne schick? Aber deine Accessoires sollen absolut individuell und nicht von der Stange sein? Kein Problem – web dir was! Wähle deine Lieblingsfarbwelt aus oder trumpfe mit Kontrasten. Mode machen ist ganz leicht.

Kuschelschal

für kleine Ladies

Material

* Netzschal in Schwarz, 1,50 m lang, 18 cm breit, mit 14 Gitterreihen
* 28 Effektgarnreste in Blau- und Grüntönen, 1,50 m lang
* Pomponborte in Schwarz, 2 cm x 9,5 cm
* Wolltresse in Schwarz, 20 cm lang
* Nähgarn in Schwarz

Werkzeug

* Webnadel
* Nähnadel
* Stecknadeln

1 Zuerst faltest du den Netzschal der Länge nach in der Mitte, sodass du jetzt nur noch sieben Gitterreihen hast.

2 Zum Weben benötigst du 28 verschiedene Effektgarn-Fäden mit jeweils 1,50 m Länge sowie eine Webnadel.

3 Du beginnst mit einem beliebigen Garn in der mittleren Gitterreihe des Schals und führst es einmal über und einmal unter den Gitterfäden durch. Fadenanfang und -ende lässt du hängen.

4 Den zweiten Faden webst du in der gleichen Gitterreihe, aber versetzt. Du beginnst jetzt zuerst unten mit dem Weben. Die dritte Reihe arbeitest du wie die erste, die vierte Reihe wie die zweite. Danach ist die mittlere Reihe voll.

5 Anschließend füllst du auf die gleiche Art und Weise zuerst die beiden äußeren Gitterreihen und danach alle anderen.

6 Nun ziehst du den Schal vorsichtig in die Länge, damit alle Fäden gerade liegen. Achte darauf, dass alle Fadenenden und -anfänge gleichmäßig hinunterhängen. Sollten sie zu lang sein, musst du sie auf der Höhe des letzten Gitters abschneiden.

7 Danach schneidest du die Wolltresse in der Mitte durch, nähst bei beiden Stücken jeweils die Seiten mit Rückstichen zusammen und drehst sie um. Anschließend stülpst du sie über die Enden des Schals, fixierst sie mit Stecknadeln und nähst sie mit Rückstichen fest. Dabei musst du ganz durch die Wolltresse bzw. die Gitterstäbe stechen und die Stiche nicht zu groß machen, damit alles gut hält.

8 Zum Schluss nähst du die Pomponborte am oberen und unteren Rand mit Vorstichen auf die Mitte der Wolltresse.

Den Netzschal gibt es auch in anderen Farben; und weil du keinen Webrahmen brauchst, um ihn zu weben, kannst du ihn toll mit in den Winterurlaub nehmen und unterwegs fertig stellen!

Schmucke Täschchen

Geldbeutel & Handyhülle

Material Geldbeutel

- dünne Wolle zum Strickfilzen in Türkis, 15 g
- dünne Wollreste zum Strick-filzen in Pink, Orange, Gelb, Grün und Lila
- Reißverschluss in Schwarz, 10 cm lang
- Nähgarn in Türkis

Handyhülle

- dünne Wolle zum Strickfilzen in Gelb meliert, 4,80 m lang
- dünne Wolle zum Strickfilzen in Regenbogenfarben, 10 g
- Magnetverschluss
- Textilfilzrest in Pink
- Stickgarn in Grün
- Häkelspiegel in Gelb
- Nähgarn in Pink
- 30 Rocailles in Rosa, ø 2,5 mm

Werkzeug

- Schuhschachtel, 35 cm x 14 cm
- Gewebeklebeband, 2 Stücke, je 5 cm x 35 cm
- Sticknadel
- Nähnadel
- Stecknadeln
- Webnadel
- Webkamm
- Schere
- Lineal
- Kinderwebrahmen
- Wollnadel

Vorlagen

Seite 77

Geldbeutel

1 Zuerst bespannst du deinen Webrahmen mit einem Wollfaden von 5,10 m Länge. Den Fadenanfang knotest du oben links am Rahmen fest und führst ihn von oben nach unten und von unten nach oben durch die Schlitze. Das Fadenende wickelst du um die oberen Schlitze.

2 Danach webst du abwechselnd einen 80 cm langen türkisfarbenen Wollfaden über 20 Spannfäden und einen 40 cm langen türkisfarbenen Wollfaden über 10 Spannfäden (jeweils vier Reihen). Du webst dabei immer von rechts nach links und wieder zurück.

3 Wenn du auf diese Art und Weise ein Stück gewebt hast, fügst du die bunten Wollfäden mit 40 cm Länge von der linken Seite her ein. Damit es keine Lücken gibt, webst du die bunten Wollfäden zwischen die türkisfarbenen Schlingen. Dein Gewebe schiebst du mit dem Webkamm nach unten, damit es fest wird.

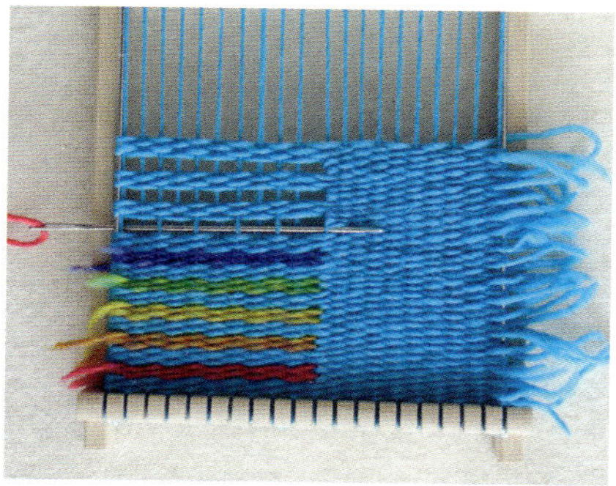

4 Ist dein Webrahmen voll, nimmst du das Webstück vom Rahmen und streichst die Enden mit dem Webkamm zu den Schlingen hin aus. Dein Webstück sollte 20 bunte Streifen haben.

5 Danach wäschst du es bei 40 °C mit farbähnlicher Wäsche in der Waschmaschine. Nach der Wäsche musst du es eventuell etwas in Form ziehen und die verfilzten Fadenenden abschneiden.

6 Zum Schluss fixierst du das Filzstück auf beiden Seiten mit Stecknadeln und nähst es mit türkisfarbenem Nähgarn mithilfe von Rückstichen rechts auf rechts zusammen. Danach drehst du es um und nähst den geöffneten Reißverschluss mit Rückstichen am Rand fest.

467
2007
6/2008

Handyhülle

1 Mit dem Klebeband überklebst du die beiden langen Seiten deiner Schuhschachtel. Dann schneidest du mit der Schere im Abstand von 1 cm ca. 1 cm tief in den Rand.

2 Danach trennst du dein Wollknäuel in die verschiedenen Farbtöne und bespannst die Schuhschachtel mit einem 4,80 m langen gelbmelierten Faden. Du benötigst 33 Spannfäden. Du beginnst links oben, wickelst den Fadenanfang um den ersten Abschnitt und führst ihn dann nach unten durch den ersten Abschnitt und danach wieder nach oben usw. Das Fadenende wickelst du um die Abschnitte rechts unten. Es geht leichter, wenn du beim Bespannen die Einschnitte leicht nach außen drückst. Den Spannfaden nicht zu fest anziehen, da sich die Schuhschachtel sonst nach innen wölbt.

3 Dein Webfaden sollte nicht länger als 1,50 m lang sein. Du beginnst unten rechts in der Farbfolge Lila, Pink, Orange und Gelb eine Breite von insgesamt 4 cm zu weben. Die Fäden schiebst du mit dem Webkamm nach unten. Für den Stiel verwebst du einen 1,50 m langen grünen Wollfaden. Danach webst du in umgekehrter Farbfolge erneut 4 cm Breite. Dein Webstück sollte zum Schluss 9 cm breit sein. Mit der neuen Farbe beginnst du immer an der rechten Seite, wobei du Fadenanfang und -ende 3 cm überstehen lässt. Vorsicht, beim Wenden darfst du den Webfaden nicht zu fest anziehen, da sich das Webstück sonst zusammenzieht!

4 Danach nimmst du das Webstück vom Rahmen und streichst es mit dem Webkamm nach unten zu den Schlingen hin aus. Die oberen Schlingen schneidest du in der Mitte durch, verknotest jeweils zwei nebeneinander liegende und schneidest sie anschließend auf eine Länge von 2 cm ab. Danach wäschst du das Webstück bei 40 °C in der Waschmaschine mit farbähnlicher Wäsche.

5 Nach der Wäsche ziehst du es in Form – das Webstück sollte 24 cm lang und 8 cm breit sein. Evtl. musst du die verfilzten Enden mit der Schere abschneiden. Du kannst das Webstück zusätzlich nach dem Trocknen mit dem Bügeleisen dämpfen.

6 Jetzt fixierst du das Handytäschchen zuerst mit Stecknadeln und nähst es dann mit Schlingenstichen seitlich zusammen, sodass oben eine 4 cm lange Klappe übersteht. Mit den gleichen Stichen verzierst du auch Klappe und Rand.

7 Die Blüte schneidest du mit Hilfe der Schablone aus dem Filz zu, nähst auf der Rückseite mit Rückstichen kleine Falten in die Mitte der Blütenblätter und verzierst sie anschließend auf der Vorderseite mit den Glasperlen.

8 Danach befestigst du zuerst den Magnetverschluss auf dem Täschchen, und nähst dann die verzierte Blüte von außen auf die Klappe, indem du einige Male durch die Blütenmitte stichst.

Diese Stelle verdeckst du mit dem Häkelspiegel. Zum Schluss nähst du die Blütenblätter mit Rückstichen fest und gestaltest so auch den Blütenstiel.

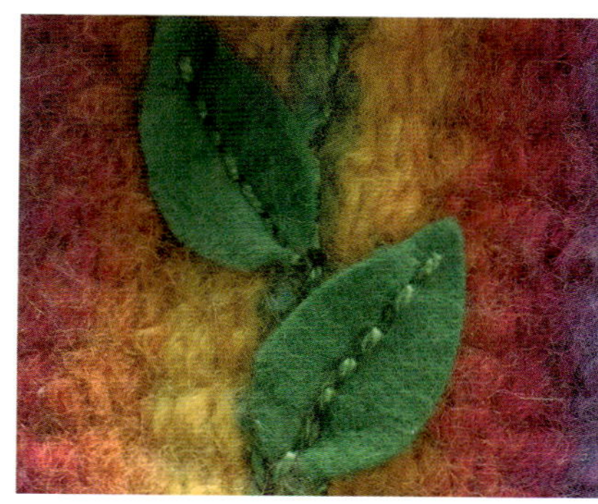

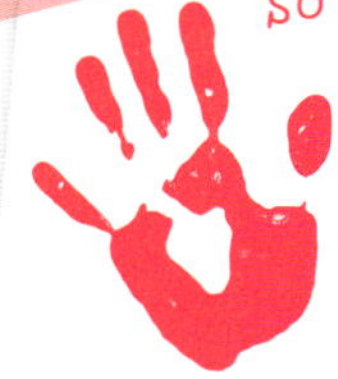

So ein individuelles Täschchen ist absolut unverwechselbar. Webe kleine Streifentaschen als Handytäschchen oder Geldbeutel für jedes Familienmitglied.

Ringelkette

mit Glitzereffekt

Material

- festes Baumwollgarn in Gold, 4,50 m lang und 10 m lang
- Metallicgarn in Gold
- Wolle in Regenbogenfarben, 20 g
- 27 Holzkugeln in Natur, ø 18 mm
- Nähgarn in Gold
- Perlen in Gold, ø 3 mm

Werkzeug

- Perlenwebrahmen
- Webkamm
- Webnadel
- Wollnadel
- Nähnadel
- Stecknadel
- Schere
- Lineal

1 Zum Bespannen des Webrahmens benötigst du 4,50 m festes Baumwollgarn in Gold. Den Garnanfang befestigst du am Holzstöpsel und führst ihn anschließend von oben nach unten und wieder nach oben durch jeden zweiten Schlitz bis du 16 Spannfäden auf deinem Webrahmen hast. Das Fadenende wickelst du seitlich um die Schlitze.

2 Zum Weben benötigst du einen 1,50 m langen Wollfaden und eine Webnadel. Du beginnst rechts unten und führst die Webnadel einmal unter und einmal über die Spannfäden. Beim Wenden darfst du den Wollfaden nicht zu fest anziehen, da sich dein Webstück sonst zusammenzieht.

3 Ist dein Faden zu Ende, lässt du den Rest seitlich hängen und beginnst von dieser Seite aus mit einem neuen Faden. Das Gewebe kämmst du mit einem Webkamm immer wieder vorsichtig nach unten. Webe Anfang und Ende etwas fester, da diese Stellen später noch ausgestrichen werden müssen.

4 Für das Webstück verwendest du abwechselnd einen bunten Wollfaden mit 1,50 m Länge und ein Stück Goldgarn mit 40 cm Länge, so lange bist du oben am Webrahmen angekommen bist.

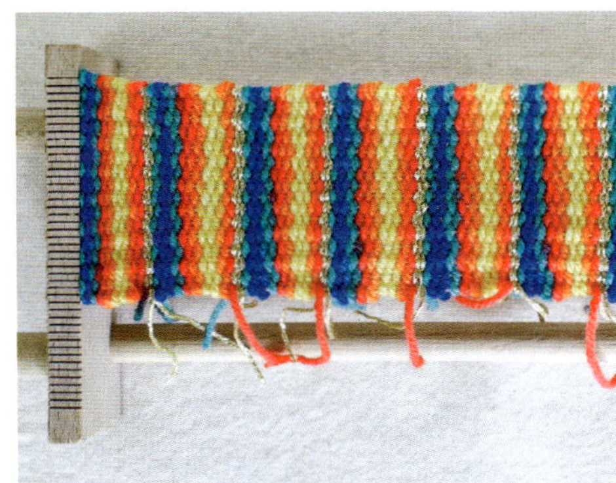

5 Dann hebst du das Webstück von Rahmen und streichst Anfang und Ende mit dem Webkamm in Richtung der goldenen Schlingen aus.

6 Danach verknotest du jeweils die Enden des Goldgarns mit einander und vernähst die Enden der Wollfäden im Rand.

7 Anschließend steckst du deinen Webstoff mit Stecknadeln zusammen und nähst das Gewebe mit dem Metallicgarn mit Überwendlichstichen seitlich zusammen.

8 Danach ziehst du eine Öffnung des entstandenen Schlauches mit einem Wollfaden zu. Durch die andere Öffnung steckst du neun Holzkugeln.

9 Zum Schluss ziehst du den Schlauch zwischen jeder Holzperle mit etwas Goldgarn zusammen, wickelst es einige Male um diese Stelle und vernähst es.

10 Dann ziehst du die zweite Öffnung mit einem Wollfaden zusammen. Für die Kette benötigst du drei solcher Teilstücke, die du zuerst mit einem Wollfaden zusammennähst und danach mit Goldgarn umwickelst.

11 Wenn du möchtest, kannst du auf einige Kugeln kleine goldene Perlen nähen. Schon ist das individuelle Schmuckstück fertig!

Sehr schön ist diese Kette auch in Blau-, Türkis- und Grüntönen. Statt des Goldfadens kannst du dann Silberfaden verwenden. Mach doch deiner Mama so eine herrliche Kette zum Muttertag.

Wolliger Armreif

Schmuckstück für kalte Tage

Material

* Wolle zum Strickfilzen in Pink-Orange-Lila, 10 g pro Armreif
* Baumwollgarnrest in Gold
* Stopfgarn in Pink und Lila
* Plastikarmreif, ø 6,5 cm, Breite 2,5 cm

Werkzeug

* Kinderwebrahmen
* Webkamm
* Webnadel
* Wollnadel
* Nähnadel
* Stecknadeln
* Schere
* Lineal

1 Zuerst trennst du den Wollknäuel nach Farbtönen, lila, pink, pinkmeliert und orangemeliert.

2 Die Metallstäbe befestigst du im ersten und zehnten Schlitz des Webrahmens. Zum Bespannen benötigst du einen 2,80 m langen orangemelierten Wollfaden, den du am ersten Schlitz links oben verknotest, ihn dann abwechselnd von oben nach unten um die Schlitze führst und dabei leicht anziehst. Das Fadenende verwebst du um die oberen Schlitze.

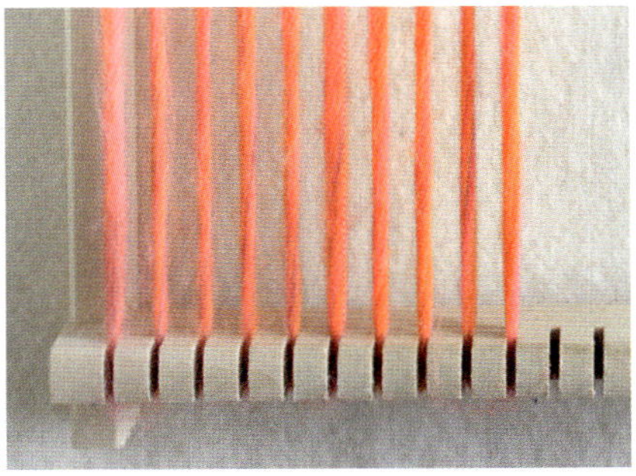

3 Zum Weben nimmst du einen 1,50 m langen Wollfaden in Pink, den du abwechselnd mit Hilfe der Webnadel einmal unter und einmal über die Spannfäden legst.

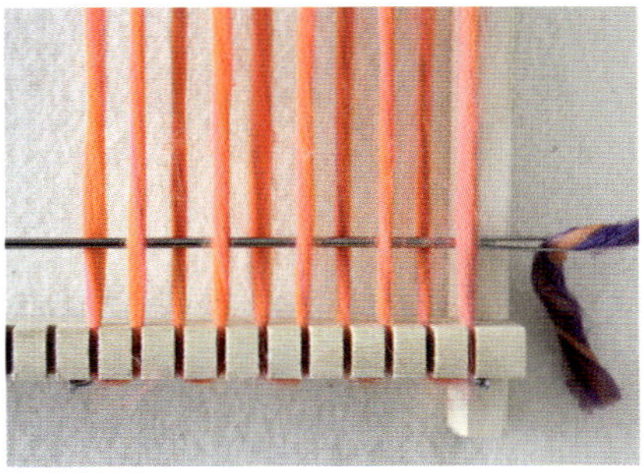

4 Beim Umdrehen führst du den Webfaden um die Metallstäbe.

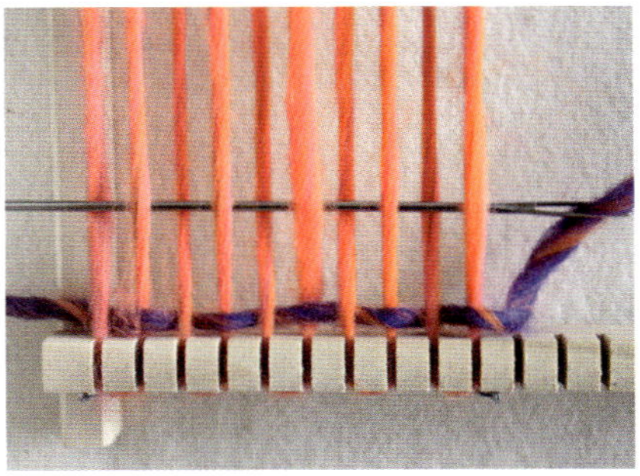

5 Das Fadenende lässt du seitlich hängen und beginnst an dieser Stelle mit einem neuen Faden. Zwischendurch musst du das Gewebe mit deiner Hand immer wieder nach unten drücken. Am Anfang und am Ende muss das Gewebe etwas dichter sein, da es später nach beiden Seiten ausgestrichen wird. Ansonsten darfst du nur so fest weben, dass man die Spannfäden noch sieht!

6 Wenn du 10 cm in Pink und 14 cm in Lila gewebt hast, nimmst du dein Webstück vom Rahmen und streichst es mit dem Webkamm vorsichtig nach beiden Seiten bis zum Ende der Schlingen aus. Danach vernähst du alle Fadenenden seitlich im Gewebe.

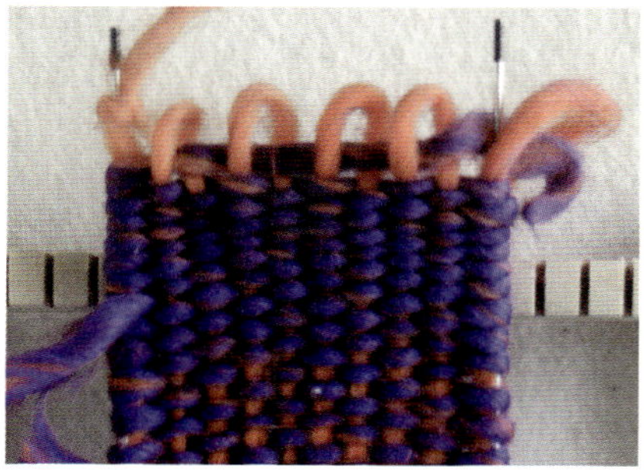

7 Jetzt kannst du das Webstück mit farbähnlicher Wäsche bei 40 °C in der Waschmaschine waschen. Nach der Wäsche musst du das Webstück etwas in die Länge oder Breite ziehen, damit es genau um den Armreif passt.

8 Nach dem Trocknen nähst du zuerst die beiden kurzen Seiten mit passendem Stopfgarn zusammen. Danach legst du das Webstück so um den Armreif, dass sich die offene Seite oben befindet, fixierst diese zuerst mit Stecknadeln und nähst sie danach mit Überwendlichstichen und passendem Stopfgarn zusammen.

9 Das zweite Armband wird auf die gleiche Art und Weise hergestellt. Du bespannst deinen Webrahmen in Pink und webst mit orangemelierter und pinkmelierter Wolle. Wenn du möchtest, kannst du jeweils zwei Reihen Goldgarn dazwischen weben.

Eröffne doch bei dir zu Hause eine kleine Schmuckboutique: Du und deine besten Freundinnen kreiert tolle Armreifen in euren Lieblingsfarben. Schon wird aus einem Regentag ein Highlight!

Grüße aus Bollywood

indische Tasche

Material

* Dekorationsband in Gelb, 1,5 cm breit, 60 cm lang
* Dekorationsband in Lila, 1,5 cm breit, 1,50 m lang
* Dekorationsband in Pink und in Orange mit Punkten, je 1 cm breit, 60 cm lang
* Dekorationsband in Gold, 1 cm breit, 1,20 m lang
* Dekorationsband mit Drahteinzug in Pink und Orange, je 2 cm breit, 60 cm lang
* Blumenborte in Gelb, 60 cm lang
* Borte mit Pailletten, 1,50 m lang
* Borte in Irisierend, 50 cm lang
* Kordelband in Gold, 7,50 m lang
* Strasssteine in Irisierend, ø 5 mm
* doppelseitiges Klebeband, 3 mm breit
* Polarfleece in Lila und Orange, 64 cm x 25 cm und 2 x 50 cm x 4 cm
* Nähgarn in Lila und Orange
* UHU Alleskleber

Werkzeug

* Pappe mittlerer Stärke, 30 cm x 25 cm
* Stecknadeln
* Lochzange
* Nähnadel

1 Zuerst stellst du aus der Pappe deinen Webrahmen her. Auf den beiden längeren Seiten markierst du die Pappe im Abstand von 1 cm, schneidest sie anschließend 1 cm tief ein und machst am Ende eines jeden Schlitzes ein Loch mittlerer Größe (insgesamt 29 auf jeder Seite).

2 Zum Bespannen benötigst du 7,50 m Goldkordel, die du links oben einige Male um den ersten Abschnitt wickelst. Danach führst du die Kordel abwechselnd von oben nach unten und von unten nach oben durch die Schlitze – das Fadenende wickelst du um den letzten Abschnitt rechts unten.

3 Nachdem du alle Bänder und Borten in 30 cm lange Stücke geschnitten hast, klebst du die Borten mit doppelseitigem Klebeband auf die lila Bänder. Die Blütenborte klebst du mit Klebstoff auf die gelben Bänder und die Bänder mit den Punkten auf die breiten Bänder mit der gleichen Farbe.

4 Danach legst du die Bänder mit der Hand abwechselnd über und unter die Goldkordel. Die zweite Reihe arbeitest du versetzt. Insgesamt verwebst du 15 Streifen.

5 Ist dein Webstück fertig, wickelst du zuerst Fadenanfang und -ende an den beiden Ecken ab, biegst die Abschnitte leicht nach vorn und ziehst die Schlingen darüber. Falls du deinen Webrahmen nicht mehr verwenden möchtest, kannst du die Abschnitte zwischen den Löchern abschneiden. Dann löst sich dein Webstück ganz leicht vom Pappwebrahmen.

6 Für die Tasche legst du beide Stücke Polarfleece jeweils rechts auf rechts, fixierst sie mit Stecknadeln und nähst sie mit Rückstichen und farblich passendem Nähgarn seitlich zusammen. Du kannst das Polarfeleece aber auch mit der Nähmaschine zusammennähen. Danach drehst du den lila Beutel um und faltest den Rand 2 cm nach innen.

7 Für die Henkel faltest du den Stoff von beiden Seiten bis zur Mitte, fixierst ihn mit Stecknadeln und nähst dann die offene Seite mit Überwendlichstichen zusammen.

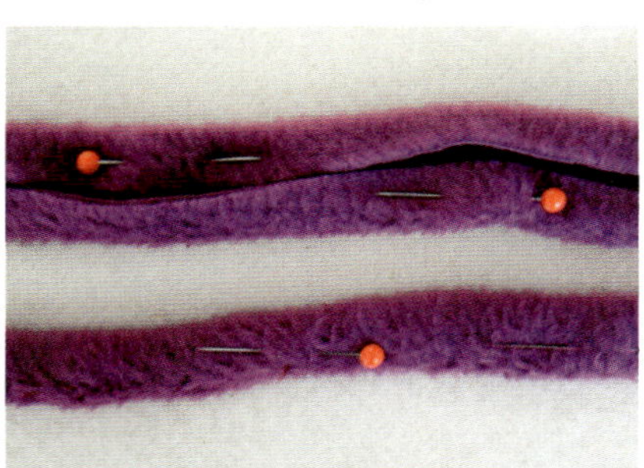

8 Danach nähst du die Henkel mit Rückstichen, etwa 5 cm von der Seitennaht entfernt, auf den umgeschlagenen Rand. Damit der Henkel gut hält, musst du immer ganz durch Henkel und Taschenstoff stechen.

9 Dann schlägst du den Rand des orangefarbenen Beutels nach außen um, fixierst ihn mit Stecknadeln und nähst ihn mit Überwendlichstichen fest.

10 Zum Schluss nähst du die Webarbeit mit Überwendlichstichen auf die Tasche. Du nähst sie zuerst am oberen und dann am unteren Rand fest und zuletzt an beiden Seiten. Die Enden der Dekorationsbänder musst du vor dem Annähen nach hinten umschlagen – an den Seiten stichst du abwechselnd durch das lila Band und die Schlingen der Goldkordel. Achte darauf, dass die Goldkordel gerade liegt. Die irisierende Borte nähst du ringsum mit Vorstichen auf dem Rand fest. Fertig ist die coole Bollywoodtasche!

Du kannst mit deiner Webarbeit auch eine alte Tasche verschönern oder eine gekaufte Filz- oder Baumwolltasche damit dekorieren. Eventuell musst du den Pappwebrahmen dazu verkleinern oder vergrößern.

Praktische Helfer

Am Frühstückstisch, beim Kochen, im Badezimmer und im Flur, gewebte Körbe & Co. sorgen für Ordnung. Diese nützlichen Gegenstände sind auch prima Geschenke zum Muttertag, zu Geburtstagen, Ostern oder Weihnachten. Was machst du zuerst?

Tassenwärmer mit Herz

Heiße Getränke für kalte Tage

Material

* dünne Wolle zum Strickfilzen in Lila-Rot meliert, 20 g
* dünner Wollrest zum Strickfilzen in Rot, 3,60 m lang
* dünner Wollrest zum Strickfilzen in Weiß, 4,80 m lang
* dünner Wollrest zum Strickfilzen in Orange, 3 m lang
* 2 Blütenknöpfe, ø 3 cm
* Nähseide in Orange
* Tasse, ø 7,5 cm, 9,5 cm hoch

Werkzeug

* Schuhschachtel, 35 cm x 14 cm
* Gewebeklebeband, 2 Stücke, je 5 cm x 35 cm
* Webnadel
* Webkamm
* Wollnadel
* Nähnadel
* Stecknadeln
* Schere
* Lineal

1 Die Schuhschachtel bespannst du mit dem weißen Wollfaden, wie bei der Anleitung für das Handytäschchen beschrieben.

2 Danach webst du zuerst den unteren Rand in Lila mit 2 cm Breite. Dein Webfaden sollte nicht länger als 1,50 m sein.

3 Mit dem Herz beginnst du, indem du den roten Wollfaden einmal um den 17. Spannfaden schlingst. Danach webst du vier Reihen über den 18., 17., und 16. Spannfaden, danach vier Reihen über den 19., 18., 17., 16. und 15. Spannfaden, dann vier Reihen vom 20. bis zum 14. Spannfaden und zum Schluss 24 Reihen vom 21. bis zum 13. Spannfaden. Für die Rundungen webst du auf der rechten Seite sechs Reihen über die Spannfäden 21-19, auf der linken Seite sechs Reihen über die Spannfäden 15-13.

4 Danach webst du mit der lila Wolle den Hintergrund. Wenn du an einen Spannfaden vom roten Herz kommst, wendest du an dieser Stelle. Du webst die lila Wolle zwischen die Schlingen der roten Wolle – so entstehen keine Lücken. Das Gewebe schiebst du mit den Händen zusammen, damit es dicht wird. Du webst zuerst die rechte und dann die linke Seite. Bist du oben am Herz angelangt, webst du zuerst einen 2 cm breiten Rand (wie unten) bevor du die Lücke zwischen den Rundungen schließt.

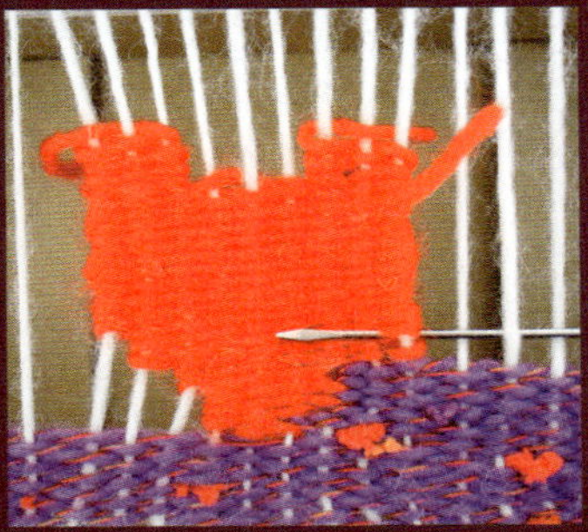

5 Jetzt nimmst du dein Webstück von der Schuhschachtel, indem du die Abschnitte leicht nach vorne biegst und die Schlingen darüber ziehst. Den Zopf flichtst du aus drei 1 m langen orangefarbenen Wollfäden.

6 Nun wäschst du deinen Tassenwärmer in der Waschmaschine bei 40 °C mit farbähnlicher Wäsche. Nach der Wäsche musst du dein Webstück eventuell etwas in die Länge ziehen. Du kannst es auch mit dem Bügeleisen dämpfen. Die verfilzten Enden schneidest du mit der Schere ab.

7 Den Zopf teilst du in zwei gleich große Stücke, fixierst diese auf beiden Rändern mit Stecknadeln. Dann nähst du die Zopfstücke oben und unten am Rand mit Vorstichen fest. Die Enden formst du zur Schlaufe und nähst sie auf der Rückseite fest, die Knöpfe auf der anderen Seite oben und unten am Rand. Wenn du der Tasse den „Mantel" anziehst, legst du die Schlaufen über bzw. unter den Henkel.

So ein Tassenwärmer ist wunderbar kuschelig. Außerdem kann man damit hässliche Aufdrucke verstecken. Fertige für jedes Familienmitglied einen Tassenwärmer in einer anderen Farbe an – so wird der Frühstückstisch fröhlich bunt!

Henne Berta

hält die Frühstückseier warm

Material

* Wolle in Weiß, 10 g
* Fransengarn in Weiß, 10 g
* Textilfilzreste in Rot und Gelb
* Wackelaugen zum Annähen, ø 10 mm
* Nähgarn in Weiß, Gelb und Rot
* Pappe mittlerer Stärke, 15 cm x 15 cm
* dünne Wolle zum Strickfilzen in Grün, 10 g
* Effektgarn in Grün, 5 g
* Hutgummi, 40 cm lang

Werkzeug

* Kinderwebrahmen
* Rundwebrahmen
* Webnadel
* Webkamm
* Wollnadel
* Nähnadel
* Stecknadeln
* Tennisball
* Bleistift
* Zirkel
* Schere
* Lineal

Vorlagen

Seite 76

So ein toller Eierwärmer wie Henne Berta ist natürlich das perfekte Ostergeschenk, zusammen mit ihrem Nest ist sie ein tolles Spielzeug. Außerdem lassen sich in dem Nest kleine Überraschungen verstecken.

1 Zum Bespannen des Webrahmens benötigst du einen Wollfaden von 5,10 m Länge.

2 Den Faden verknotest du oben links am Webrahmen und führst ihn abwechselnd von oben nach unten und von unten nach oben durch alle Schlitze. Das Fadenende legst du um die oberen Schlitze.

3 Zum Weben benötigst du je einen Faden weiße Wolle und Fransengarn von 1,50 m Länge, die du zusammen verwebst. Du beginnst auf der rechten Seite nach dem Metallstab und legst den Faden einmal unter und einmal über die Spannfäden – beim Wenden führst du ihn über den Metallstab.

4 Nachdem du 16 Reihen über die ganze Breite gewebt hast, webst du jeweils acht Reihen zuerst über 18, dann über 16, über 14 und über 12 Spannfäden. Das Gewebe schiebst du mit dem Webkamm nach unten – am Ende sollte das Huhn eine Höhe von ca. 13 cm haben.

5 Dann kämmst du mit dem Kamm die weißen Fransen vorsichtig aus dem Gewebe, nimmst es anschließend vom Rahmen und streichst es zu den unteren Schlingen hin aus. Die oberen Schlingen schneidest du in der Mitte durch.

6 Danach vernähst du die Fadenenden der Webfäden und die vier äußeren Spannfäden auf beiden Seiten im Gewebe. Von den übrigen Fäden verknotest du jeweils zwei nebeneinander liegende miteinander. Jetzt fixierst du das Dreieck zuerst mit Stecknadeln und nähst es dann mit Überwendlichstichen zusammen – die „schöne Seite" befindet sich dabei außen. Die verknoteten Fäden stopfst du durch die kleine Öffnung oben nach innen.

7 Den Kamm, den Kehllappen und den Schnabel schneidest du mit Hilfe der Vorlagen zu. Den Schnabel faltest du mittig und nähst ihn am Rand mit Überwendlichstichen zusammen. Dann nähst du die Einzelteile am Hühnerkopf mit Überwendlichstichen an, für den Kamm verwendest du dazu Rückstiche.

8 Für die Flügel bindest du jeweils drei Fäden Fransenwolle mit einer Länge von 10 cm mit einem Stück weißer Wolle in der Mitte zusammen und nähst sie seitlich am Körper an. Fertig ist der Eierwärmer!

9 Das Nest stellst du nach der Anleitung des Kaktus auf Seite 34 her.

Für Haarklammer & Co.

Stiftehalter und Dose

Material
Dose
- Teppichstramin beschichtet, 23,5 cm lang (31 Löcher), 8 cm breit (10 Löcher)
- Rayonbast in Gelb und Lila, 4,50 m lang
- Rayonbast in Rot, 3 m lang

Deckel
- Teppichstramin beschichtet, 25 cm lang (33 Löcher), 4 cm breit (5 Löcher)
- Holzkugel mit großem Loch in Rot, ø 2,5 cm
- Rayonbast in Gelb, Lila und Rot, 1,5 m lang

Werkzeug
- Wollnadel
- Häkelnadel Nr. 3
- 2 Büroklammern
- Zirkel
- Bleistift
- Schere
- Lineal

Vorlagen
Seite 77

Der Becher und die kleine Dose lassen sich nicht nur für Stifte und Büroklammern benutzen. Auch Haarspangen oder kleine Schätze kannst du hier prima aufbewahren.

Dose

1 Beim Zuschneiden des Stramins musst du darauf achten, dass die verdrehten Fäden waagrecht verlaufen. In dieser Richtung fädelst du auch den Bast durch die Löcher.

2 Den Stramin steckst du mit zwei Büroklammern so zusammen, dass zwei Lochreihen übereinander liegen. Verwendest du bedruckten Stramin muss sich der Aufdruck innen befinden.

3 Zum Weben benötigst du einen 1,50 m langen Bastfaden den du von oben nach unten und von unten nach oben durch die Lochreihe fädelst.

4 Du beginnst in der Mitte des Stramins mit einem lila Bastfaden und webst vier Runden in der gleichen Lochreihe. Da du eine ungerade Zahl Löcher hast, versetzt sich der Faden automatisch in jeder zweiten Reihe. Die Fadenenden lässt du auf der Innenseite 2 cm hängen und ziehst sie später mit der Häkelnadel durch die gewebten Fäden der gleichen Farbe.

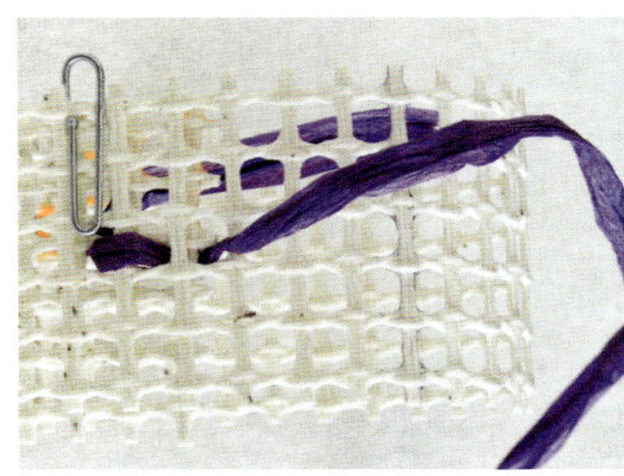

5 Die anderen sieben Reihen webst du auf die gleiche Art und Weise – die Reihenfolge der Farben siehst du auf dem Foto. Damit der Rand stabil wird und nicht ausfranst, musst du die äußeren Lochreihen nach innen falten und den Bast durch den aufeinanderliegenden Stramin weben.

8 Zum Bespannen benötigst du einen gelben Bastfaden von 1,70 m Länge, an dessen Ende du einen dicken Knoten machst. Du fädelst den Faden durch Loch 1, führst ihn dann durch Loch 12 und auf der Rückseite zu Loch 13, dann zurück durch Loch 2 und auf der Rückseite zu Loch 3 usw. Das Fadenende führst du quer unter allen Fäden durch und einmal oben drüber, um die Mitte zu fixieren.

6 Den Rand für den Dosendeckel stellst du auf die gleiche Art und Weise her. Du webst vier Runden mit einem lila Bastfaden, faltest dann die äußeren Lochreihen nach innen und füllst sie mit rotem und gelbem Bast.

7 Danach stellst du aus der Pappe einen Rundwebrahmen her. Wie man das macht, siehst du bei der Anleitung für die Jonglierbälle auf Seite 64.

Selbstverständlich kannst du die Dose auch komplett mit naturfarbenem Bast weben. Dann steht einer Ausgestaltung mit Acrylfarbe nichts im Weg: Arbeite draußen! Du kannst das Döschen bis zur Hälfte in Acrylfarbe eintauchen und umgedreht auf alten Zeitungen trocknen lassen. Wow!

9 Nachdem du den Fadenrest verwoben hast, arbeitest du mit einem roten Bastfaden weiter bis dein Deckel einen Durchmesser von 4 cm erreicht hat. Danach webst du mit der Farbe Lila weiter bis zu einem Durchmesser von 6,5 cm. Für den Rand webst du zwei Runden in Gelb.

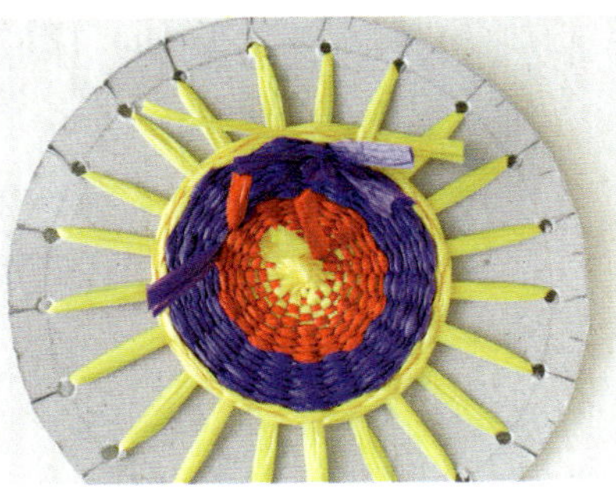

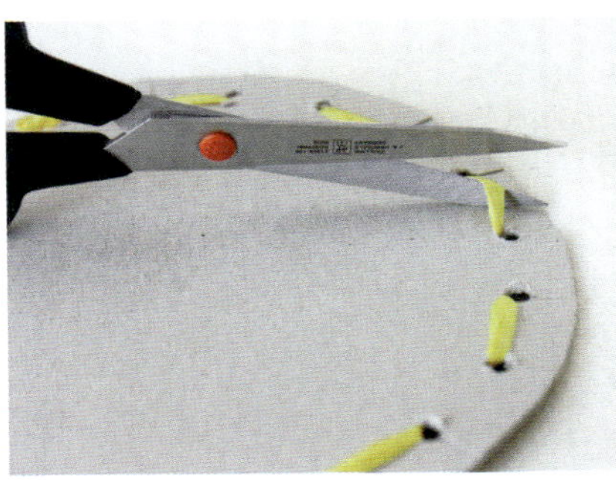

10 Jetzt schneidest du die Spannfäden auf der Rückseite in der Mitte durch und vernähst sie abwechselnd nach hinten und nach vorn im Gewebe bis zum roten Rand. Die Bastenden schneidest du ab und nähst den Deckel mit Überwendlichstichen und gelbem Bast am gelben Rand an.

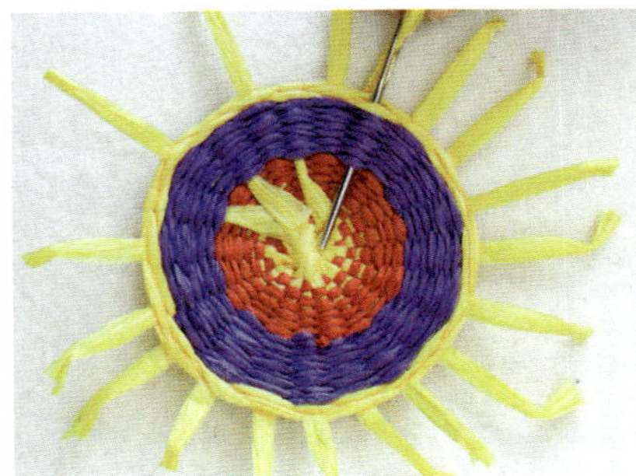

11 Den Dosenboden arbeitest du nach der gleichen Anleitung – nur ganz in Gelb und mit einem Durchmesser von 6,5 cm.

12 Für den Stöpsel umnähst du eine Holzkugel mit einem ca. 30 cm langen roten Bastfaden, indem du einige Male durch die Kugel stichst und den Bast dabei etwas auseinander ziehst. Zum Schluss nähst du ihn auf die Mitte des Deckels.

Stiftehalter

1 Den Bleistifthalter arbeitest du nach der gleichen Anleitung wie die Dose, mit dem Unterschied, dass du zwei verschiedene Farben in eine Lochreihe fädelst. Du verwebst nacheinander je zwei Runden in Blau, Grün, Gelb, Orange, Pink und Lila in drei Lochreihen und wiederholst diese Reihenfolge bis alle 12 Lochreihen gefüllt sind.

2 Für den Boden webst du einen Kreis mit ø 7,5 cm in Blau und nähst ihn am blauen Rand der Dose fest.

Kleiner grüner Kaktus

als Nadelkissen

Material

* dünne Wolle zum Strickfilzen in Grün, 10 g
* Effektgarn in Grün, 5 g
* Textilfilz in Hellbraun, 30 cm x 10 cm lang
* Nähseide in Hellbraun und Grün
* Styropor®kugel, ø 8 cm
* Füllwatte
* Hutgummi, 40 cm lang

Werkzeug

* Rundwebrahmen
* Webnadel
* Wollnadel
* Stecknadeln
* Nähnadel
* weiche Bürste
* Tennisball
* Schere
* Lineal

Vorlage

Seite 77

1 Zuerst bespannst du deinen Webrahmen nach der Anleitung vom Fliegenpilz mit der grünen Wolle zum Strickfilzen, du benötigst etwa 3,10 m.

2 Für den Webfaden benötigst du je 1,50 m von der grünen Wolle zum Strickfilzen und vom Effektgarn, das du zusammen verwebst. Wie du im Kreis webst, siehst du bei der Anleitung vom Fliegenpilz (Seite 68).

3 Wenn du einen Kreis von 15 cm gewebt hast, musst du die Fransen des Effektgarns mit einer weichen Bürste vorsichtig aus dem Gewebe bürsten.

4 Danach schneidest du alle Fadenenden ab und die Spannfäden außen am Rand durch, verknotest jeweils zwei nebeneinander liegende Fäden miteinander und ziehst danach das Hutgummi mit der Nadel durch den Rand.

5 Jetzt legst du den Tennisball in die Kreismitte, ziehst das Hutgummi von beiden Seiten vorsichtig zu, machst eine doppelte Schleife und wäscht das Webstück bei 40 °C in der Waschmaschine.

6 Nach dem Trocknen entfernst du das Hutgummi und ersetzt den Tennisball durch eine Styropor®kugel. Mit grüner Nähseide nähst du mit Vorstichen einmal um die Öffnung und ziehst sie vorsichtig so weit zusammen, bis das Gewebe eng an der Kugel liegt. Danach vernähst du den Fadenrest.

7 Aus dem braunen Textilfilz schneidest du mit Hilfe der Vorlagen die Einzelteile für den Blumentopf zu und ziehst ihn in Form. Anschließend klebst du zuerst den Rand auf das große Filzstück und danach die Seiten Kante auf Kante zusammen. Damit die Stelle richtig hält, sicherst du sie zusätzlich mit Überwendlichstichen. Wenn du möchtest, kannst du auch den Blumentopfrand mit Überwendlichstichen umnähen. Danach klebst du den Filzkreis auf die kleinere Öffnung und füllst den Blumentopf zu zwei Dritteln mit Füllwatte.

8 Zum Schluss setzt du die Kaktuskugel in den Topf und verbindest beide, indem du mit dem braunen Nähgarn abwechselnd in den Kaktus und den Rand des Blumentopfes stichst.

Dieser Kaktus ist eine tolle Pflanze, die nicht vertrocknen kann. Aber auch als Nadelkissen macht er sich prima!

Krimskrams-Utensilo

aus alten T-Shirts

Material

- T-Shirt aus feiner Baumwolle in Schwarz und Weiß, Gr. XL
- Stoffstreifen in Türkis, 2 x 2 cm x 60 cm, 1 x 2 cm x 1,20 m
- Nähseide in Schwarz, Weiß und Türkis

Werkzeug

- Stäbchenwebrahmen
- Holzwebnadel
- Wollnadel
- Nähnadel

Wenn du mit ein paar Geschwistern ein großes Projekt als Geschenk für eure Eltern in Angriff nehmen möchtest, dann webt doch auf diese Art und Weise ein Brotkörbchen. Zwei ganze „Topflappen" bilden den Boden und sechs halbe die Seitenwände.

1 Falls deine T-Shirts eine Seitennaht haben, schneidest du sie zuerst an beiden Seiten auf und trennst den Doppelrand und die Ärmel ab. Bei T-Shirts ohne Seitennaht schneidest du nur eine Seite auf.

2 Danach schneidest du von der Seite her in Abständen von 2-3 cm etwa 2 cm tief in den Stoff und versuchst ihn in gleichmäßige Streifen zu reißen.

3 Zum Bespannen des Webrahmens benötigst du einen weißen Stoffstreifen von 6,50 m Länge, den du aus mehreren Streifen mit Rückstichen links auf links zusammennähen musst.

4 Zuerst verknotest du den Fadenanfang nach etwa 10 cm am ersten Stäbchen oben links. Danach führst du den Streifen von oben nach unten, um das Stäbchen und wieder nach oben bis zum letzten Stäbchen und ziehst ihn dabei immer leichter an. Das Fadenende schlingst du um die unteren Stäbchen, damit die Spannfäden nicht herunterrutschen.

5 Anschließend legst du mit Hilfe der höl-zernen Webnadel den schwarzen Stoffstreifen abwechselnd unter und über einen weißen Spannfaden. Die erste Reihe webst du von rechts nach links, die zweite Reihe von links nach rechts usw. Beim Umdrehen darfst du den Webfaden nicht zu fest anziehen, da sich dein Webstück sonst zusammenzieht. Nach jeder Reihe musst du das Gewebte mit deinen Händen oder der Webnadel fest nach unten schieben. Bevor dein Stoffstreifen zu Ende ist, nähst du ihn mit einem anderen links auf links mit Überwendlichstichen zusammen.

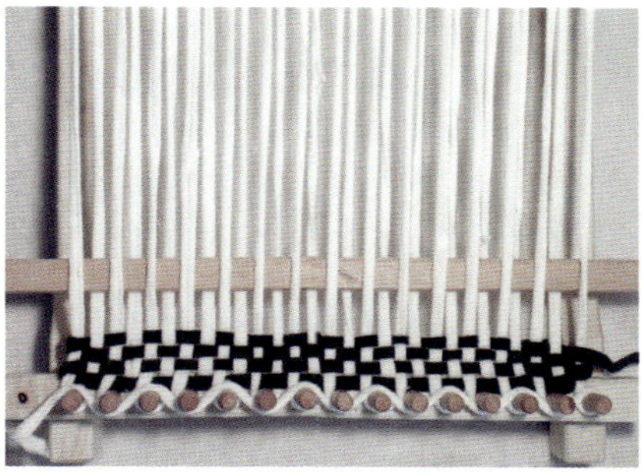

6 Wenn du oben angelangt bist, kannst du das fertige Webstück einfach vom Webrahmen nehmen. Die beiden Enden vernähst du seitlich im Rand. Das zweite Webstück fertigst du auf die gleiche Art und Weise an.

7 Zum Zusammennähen benötigst du für jede Seite einen Stoffstreifen in Türkis von 2 cm Breite und 60 cm Länge, an deren Enden du jeweils einen Knoten machst.

8 Die beiden Webstücke müssen so nebeneinander liegen, dass du sie auf der Vorderseite waagerecht zwischen den weißen Stoffstreifen zusammennähen kannst. Auf der Rückseite musst du die Nadel schräg führen. Die Enden vernähst du seitlich im Gewebe.

9 Zum Schluss umschlingst du den Rand mit dem 1,20 m langen Stoffstreifen, indem du zwischen die schwarzen Stoffenden stichst.

10 Für den Boden benötigst du einen 4 m langen schwarzen Stoffstreifen, mit dem du siebzehn Fäden auf deinem Webrahmen spannst. Anschließend webst du 24 Reihen mit schwarzen Stoffstreifen, sodass ein Quadrat entsteht. Danach nimmst du den Boden vom Webrahmen, schneidest die Schlingen der Spannfäden durch und vernähst sie abwechselnd auf Vorder- und Rückseite im Gewebe.

11 Zum Schluss nähst du mit einem schwarzen Stoffstreifen den Boden an – auf die gleiche Art und Weise wie beim Zusammennähen der Seitenteile beschrieben. Achte darauf, dass die beiden blauen Ecken dabei jeweils auf einer Ecke des Bodens stehen. Jetzt krempelst du noch den oberen Rand um, dann kannst du dein Utensilo mit Krimskrams füllen.

Topflappen sind ein beliebtes Geschenk für alle Grillmeister, Hobbyköche und Küchenfeen. Du kannst aber auch Minitopflappen machen und sie an eine Puppenmutti verschenken.

Küchenhilfe

nützliche Topflappen

Material

* je ein T-Shirt aus feiner Baumwolle in Gelb und Bunt gestreift, Gr. XL oder je 30 cm Trikotstoff in Gelb und Bunt gestreift
* 2 Stoffstreifen in Flieder, 2,5 cm breit, 1,20 m lang
* Nähseide in Gelb und Weiß

Werkzeug

* Stäbchenwebrahmen
* Holzwebnadel
* Wollnadel
* Nähnadel

1 Falls deine T-Shirts eine Seitennaht haben, schneidest du sie zuerst an beiden Seiten auf und trennst den Doppelrand und die Ärmel ab. Bei T-Shirts ohne Seitennaht schneidest du nur eine Seite auf. Anschließend schneidest du von der Seite her im Abstand von 2,5 cm etwa 2 cm tief in den Stoff und versuchst ihn in gleichmäßige Streifen zu reißen.

2 Zum Bespannen benötigst du neun gelbe und sechs gestreifte Stoffstreifen von 45 cm Länge, die du zuerst an den Enden links auf links mit Rückstichen zusammennähst und dann im Wechsel (immer drei gleichfarbige) über die Stäbchen legst.

3 Zum Weben benötigst du einen ca. 1,80 m langen Stoffstreifen, bei dem du das Ende etwa 15 cm lang herunterhängen lässt. Daraus wird später der Aufhänger für den Topflappen.

4 Du beginnst unten rechts und webst immer über zwei Spannfäden. Zuerst oben drüber und dann unten durch. Beim Wenden webst du nur über einen Spannfaden. Du darfst den Webfaden nicht zu fest anziehen, sonst zieht sich dein Webstück zusammen. Nach jeder Reihe musst du das Gewebe mit deinen Händen oder der Webnadel nach unten drücken.

5 Nach acht Reihen wechselst du die Farbe. Damit du später keine Stoffenden vernähen musst, nähst du das Ende und den Anfang vom neuen Stoffstreifen links auf links mit Rückstichen zusammen.

6 Wenn du sechsmal die Farbe gewechselt hast, ist dein Topflappen fertig und du kannst ihn vom Webrahmen nehmen. Da sich Trikotstoff zusammenzieht wird er beim Abnehmen etwas kleiner, evtl. musst du ihn in Form ziehen. Ein Fadenende vernähst du vollständig im Rand, das andere so, dass du einen Aufhänger erhältst. Den Aufhänger sicherst du zusätzlich mit Überwendlichstichen.

7 Zum Schluss umnähst du den Topflappen mit fliederfarbenen Stoffstreifen. Den zweiten Topflappen arbeitest du ebenso.

Fürs Kinderzimmer

Dein Zimmer ist dein Rückzugsgebiet – und es sollte genau so aussehen, wie es dir gefällt. Also mach dir die wichtigsten Einrichtungselemente am besten selbst. Hier findest du ein Kuschelkissen für deine Leseecke, einen Bilderrahmen für das Foto deiner besten Freundin, ein Blumenübertopf und ein Sitzkissen für deinen Schreibtischstuhl.

Quadratisch & bequem

Sitzunterlage aus Textilfilz

Material
Bunt
* Textilfilz in Maisgelb, 6 Streifen, 30 cm x 2 cm
* Textilfilz in Orange, 6 Streifen, 30 cm x 2 cm
* Textilfilz in Kirschrot, 4 Streifen, 30 cm x 2 cm
* Textilfilz in Lindgrün, 6 Streifen, 30 cm x 2 cm
* Textilfilz in Hellblau, 4 Streifen, 30 cm x 2 cm
* Textilfilz in Hellblau, 4 Streifen, 30 cm x 4 cm
* Baumwollgarn in Gold
* Pappe, 15 cm x 2 cm

Gelb-Orange
* Textilfilz in Maisgelb, 7 Streifen, 30 cm x 2 cm
* Textilfilz in Orange, 6 Streifen, 30 cm x 2 cm
* Textilfilz in Rot, 4 Streifen, 30 cm x 4 cm
* Baumwollgarn in Gold

Werkzeug
* Wollnadel
* Lochzange
* großes Geodreieck®
* Schere

Vorlagen
Seite 76

1 Mit dem Geodreieck® und einem Kugelschreiber misst du die Streifen der Breite nach vom Textilfilz ab – so hast du keinen Abfall.

2 An beiden Enden der Streifen benötigst du kleine Löcher, die du zuerst mit Hilfe der Schablone aufzeichnest und dann mit der Lochzange ausstanzt.

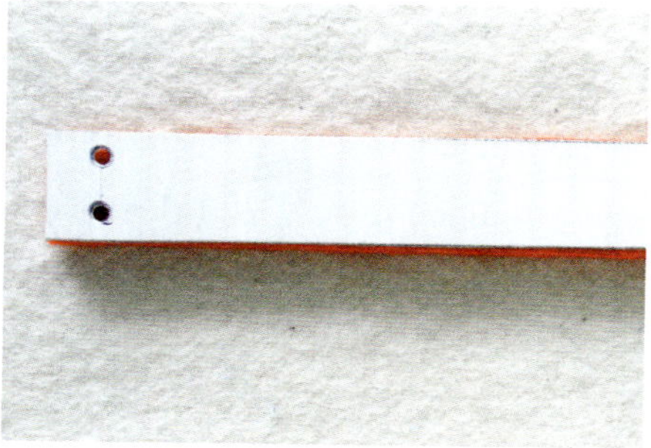

3 Die Randstücke haben 30 Löcher auf jeder Seite mit einem Abstand vom 1 cm zum Rand und 1 cm zwischen den Löchern. Das erste und das letzte Loch ist jeweils nur 5 mm vom Seitenrand entfernt!

4 Zum Annähen der Streifen benötigst du einen längeren Faden Goldgarn, an dessen Ende du einen Knoten machst. Dann stichst du durchs vierte Loch von oben nach unten und durchs dritte Loch zurück nach oben (damit man den Knoten nicht sieht) und dann nacheinander durch die Löcher des ersten Streifens. Danach stichst du durch die nächsten zwei Löcher des Randstreifens und dann wieder durch die Löcher des zweiten Streifens usw. bis alle Streifen in der Reihenfolge orange, gelb, grün, blau, rot, orange etc. angenäht sind. Insgesamt sind es dreizehn Streifen – auf jeder Seite des Randstreifens müssen zwei Löcher übrig bleiben.

5 Nun legst du einen grünen Filzstreifen einmal über und einmal unter einen angenähten Streifen, den zweiten gelben Streifen zuerst unten durch und danach oben drüber, sodass sich die Reihe versetzt. Den dritten orangenen Streifen legst du so, wie in der ersten Reihe, den vierten roten Streifen so wie in der zweiten Reihe usw. Nach dem blauen Streifen beginnst du wieder mit grün etc. bis alle dreizehn Streifen verwebt sind.

6 Zwischendurch musst du die Streifen mit deinen Händen zusammenschieben und darauf achten, dass die angenähten Streifen gerade nach unten zeigen. Die Enden der Streifen sollten auf allen Seiten ca. 2 cm überstehen, damit du die Randstreifen daran festnähen kannst.

7 Nach dem Weben prüfst du, ob alle Enden der Streifen etwa 2 cm überstehen und nähst auf die gleiche Art und Weise wie unter Punkt 4 beschrieben auf den drei Randstreifen fest.

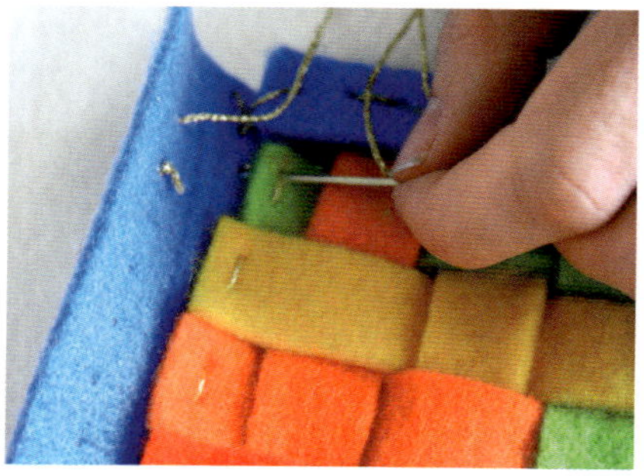

8 Zum Schluss nähst du die Randstreifen nacheinander mit Vorstichen von vorne fest. Dazu faltest du ihn bis zur Mitte und stichst abwechselnd von vorne nach hinten durch die Löcher des Randstreifens und durch die Löcher der Flechtstreifen. Danach nähst du die Vorstiche in die Gegenrichtung, sodass alle Löcher mit dem goldenen Garn wie auf dem Foto miteinander verbunden sind.

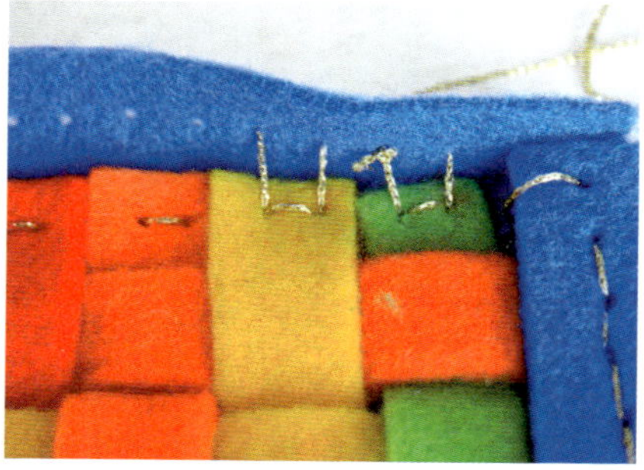

Wenn du eine größere Fläche auf diese Weise webst, hat deine Katze oder dein Hund eine schöne Kuschelunterlage, also ein flexibles Körbchen, das man auch gut transportieren kann.

Kunterbunter Papierkorb

Recyceln ist angesagt!

Material

* 9 Plastiktüten mittlerer Größe in verschiedenen Farben
* Klingeldraht in Grün-Gelb, ø 1,5 mm, 8,20 m lang
* Klebefilm, transparent

Werkzeug

* 5 l Plastikeimer, Boden ø 15 cm, Rand ø 20 cm
* Zange
* Permanentmarker

1 Zuerst trennst du die Plastiktüten mit der Schere beidseitig auf und schneidest den verstärkten Rand mit den Henkeln ab. Dann schneidest du sie in 5 cm breite Streifen. Das geht ganz leicht, wenn du die halboffene Schere durch die Plastiktüte ziehst.

2 Für den Boden benötigst du acht Stücke Klingeldraht als Staken von jeweils 80 cm Länge, bei denen du die Mitte mit einem Faserschreiber markierst, zwei Stücke mit je 40 cm Länge und ein Stück mit 1 m Länge.

3 Nun legst du jeweils vier Staken an den Markierungen kreuzweise übereinander. Dann nimmst du ein kurzes Stück Klingeldraht, legst es unter vier Staken, führst es im Uhrzeigersinn einmal über vier Staken einmal unter vier Staken bis zum Ausgangspunkt. Danach wiederholst du den Vorgang jeweils in Gegenrichtung bis dein Draht zu Ende ist und biegst das Ende unter die Staken.

4 Da du zum Weben eine ungerade Zahl Staken benötigst, steckst du das andere kurze Stück seitlich neben vier Staken unter den gewebten Draht.

5 Da viele Plastiktüten innen weiß sind, faltest du die Streifen vor dem Weben der Länge nach in der Mitte. Das geht am einfachsten, wenn du den Streifen auf den Tisch legst und den Daumennagel über die Knickstelle ziehst. Jetzt ist die farbige Tütenseite außen.

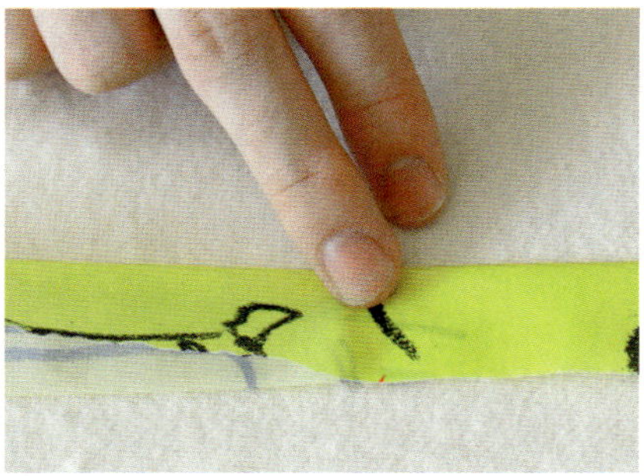

6 Du verwebst die Streifen mit der Hand, und zwar immer abwechselnd über und unter einer Stake. Dabei ziehst du den Streifen immer wieder fest an, damit dein Boden stabil wird. Ist dein Webstreifen zu Ende, legst du den neuen Streifen 1 cm über das Streifenende, verklebst diese Stelle auf Vorder- und Rückseite mit Klebefilm und webst wie gewohnt weiter.

7 Hat dein Boden einen Durchmesser von 15 cm erreicht, webst du zum Abschluss das 1 m lange Drahtstück zweimal im Kreis herum und legst ihn danach auf den umgedrehten Eimer.

8 Anschließend biegst du die Staken nach unten, steckst einen Plastikstreifen in den Drahtrand und webst die Seite auf die gleiche Art und Weise wie den Boden. Achte darauf, dass die Staken immer gerade nach unten zeigen und die Abstände ungefähr gleich groß sind. Den Streifen musst du zwischendurch immer wieder fest anziehen und das Gewebe nach oben schieben, damit dein Korb stabil wird.

9 Hast du eine Höhe von 20 cm erreicht, drehst du den Papierkorb um und nimmst den Eimer heraus.

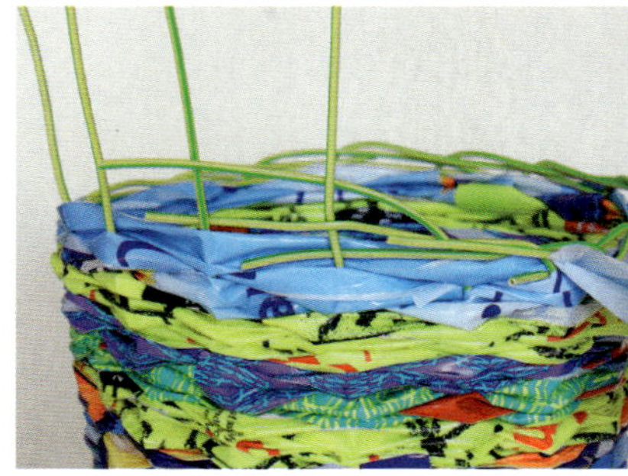

10 Für den Rand verwebst du die Staken im Uhrzeigersinn miteinander und umwickelst ihn anschließend mit einfarbigen Plastikstreifen. Falls dein Papierkorb wackeln sollte, stellst du ihn auf einen festen Untergrund und drückst von innen mit den Händen gegen den Boden bis er gerade steht.

Je nach Tütenfarben können ganz unterschiedliche Variationen des Korbes entstehen. Beim Shoppen und beim Bummeln also immer die Augen offenhalten!

Starschnitt

Bilderrahmen für Romantiker

1 Das karierte Papier zerteilst du in zwei Abschnitte, je 7 cm x 21 cm und zwei Abschnitte, je 7 cm x 15 cm.

2 Nun markierst du zuerst mit einem Bleistift einen Rand von 1 cm ringsherum auf jedem Abschnitt, danach im Abstand von 1 cm der Länge nach die späteren Einschnitte.

3 Mit der spitzen Schere machst du zuerst vorsichtig kleine Löcher an die Anfänge der Bleistiftstriche und schneidest sie danach möglichst gerade ein.

4 Jetzt schneidest du entsprechend der Vorlage auf dem Foto deine Streifen aus dem großen Bogen Papier zu. Du benötigst je acht Streifen mit 21 cm und mit 15 cm Länge.

5 Du ziehst die Streifen mit der Flechtnadel durch das eingeschnittene Papier – abwechselnd oben drüber und unten durch. Die zweite Reihe arbeitest du versetzt. Hast du alle Streifen verwoben, klebst du die Enden mit wenig Klebstoff fest.

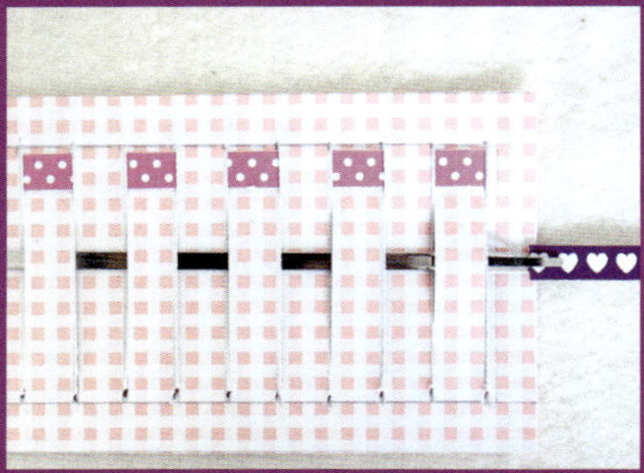

6 Danach faltest du den Rand auf einer Seite nach hinten und auf der anderen nach vorn und klebst ihn fest. Bei den längeren Streifen musst du zusätzlich auch den oberen und unteren Rand umklappen und festkleben.

7 Zum Schluss klebst du die kurzen Streifen so auf den rosa Rand der langen Streifen, dass in der Mitte ein Rechteck frei bleibt. Den rosa Rand verzierst du mit einem roten Herzstreifen und den ausgeschnittenen und dekorierten Herzen.

8 Die Rückwand klebst du nur auf den unteren und die seitlichen Ränder auf, dann kannst du durch die Öffnung oben dein Foto auswechseln. Wenn du deinen Bilderrahmen aufhängen möchtest, klebst du Bildaufhänger auf die Rückseite, entweder links und rechts oder einen in die Mitte.

Material

- Scrapbookingpapier in Rosa kariert (Rückseite in Rosa), 21 cm x 31 cm und 19 cm x 24 cm
- Scrapbookingpapier mit Herzen und Punkten
- 4 Kunststoffherzen zum Aufkleben in Rot, ø 1 cm
- Bildaufhänger
- UHU Alleskleber

Werkzeug

- kleine, spitze Schere
- Geodreieck®
- Flechtnadel

Dieser tolle Rahmen ist prima dafür geeignet, das Foto deiner besten Freundin in Szene zu setzen. Oder du machst ein Foto von dir selbst und verschenkst Bild und Rahmen an deine Großeltern.

Streifentopf

ein Übertopf für die Lieblingspflanze

Material

- Flechtschnüre ohne Weichmacher (Scoubidoubänder), 1 m lang, 5 x in Weiß, 5 x in Gelb, 7 x in Blau, 8 x in Pink, 8 x in Orange
- Bindedraht, ø 3,5 cm, 8 x 50 cm lang, 1 x 25 cm lang
- Hutgummi in Schwarz

Werkzeug

- Übertopf, ca. 9 cm hoch, Boden ø 8 cm, Rand ø 11,5 cm
- Schere

Der Übertopf ist reine Dekoration und nicht wasserdicht. Achte also darauf, dass du deine Pflanze mit einem Untersetzer in den Übertopf stellst.

1 Zuerst schneidest du die vier weißen Flechtschnüre in der Mitte durch und von der fünften Schnur 25 cm ab und schiebst die vorbereiteten Drahtstücke hinein.

2 Anschließend bindest du jeweils vier Flechtschnüre (Staken) mit einem Stück Hutgummi in der Mitte zusammen und legst beide Stränge kreuzweise übereinander. Die 25 cm lange Stake steckst du seitlich neben vier Staken unter das Hutgummi, da du zum Weben eine ungerade Anzahl benötigst.

3 Danach führst du eine orangenfarbene Flechtschnur im Uhrzeigersinn abwechselnd über und unter den vier bzw. fünf Staken zwei Mal im Kreis herum, wiederholst den Vorgang in die Gegenrichtung und entfernst das Hutgummi.

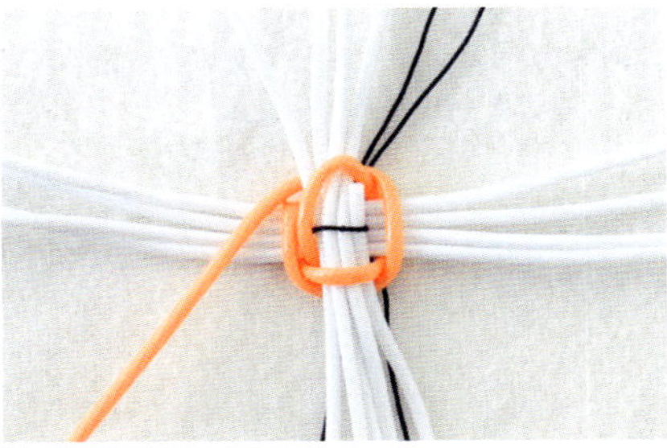

4 Jetzt teilst du die Staken zu je zwei und einer einzelnen und verwebst die orangenfarbene Flechtschnur.

5 Danach teilst du die Staken erneut und verwebst zwei gelbe und eine orangenfarbene Schnur immer über eine Stake bis dein Boden einen Durchmesser von 8 cm hat.

6 Nun legst du den Boden auf den umgedrehten Übertopf und verwebst nacheinander zwei Schnüre in Orange, fünf in Pink, eine in Blau, zwei in Gelb, fünf in Orange, drei in Pink, eine in Gelb und sechs in Blau. Beim Weben musst du darauf achten, dass die Staken immer gerade nach unten hängen und die Abstände dazwischen ungefähr gleich groß sind. Mit einer neuen Farbe beginnst du an der gleichen Stake, bei der du mit der alten Farbe aufgehört hast. Die Schnüre musst du beim Weben leicht anziehen, sodass sie am Übertopf anliegen.

7 Zum Schluss nimmst du den Blumentopf aus dem Korbgeflecht, steckst die Fadenenden nach innen und schneidest die Stakenenden auf eine Länge von 7 cm. Für den Rand steckst du jeweils ein Stakenende nach dem anderen durch das Korbgeflecht neben die übernächste Stake, sodass kleine Bögen entstehen.

Entspannen & Träumen

kuscheliges Blütenkissen

Material

- Effektgarn mit Farbverlauf in Orange und Pink, 150 g
- Wolle in Orange, 50 g
- 2 Polarfleecekreise in Lila, ø 25 cm
- dünne Kordel in Orange-Silber, 70 cm lang
- 11 Häkelspiegel in Gelb
- Füllwatte
- Nähgarn in Lila, Gelb und Orange

Werkzeug

- Pappe mittlerer Stärke, 15 cm x 15 cm
- Bleistift
- Schere
- Zirkel
- Wollnadel
- weiche Bürste
- Stecknadeln
- Nähnadel

Vorlagen

Seite 78

1 Zuerst stellst du nach der Anleitung für die Jonglierbälle (siehe Seite 64) einen Pappwebrahmen her und bespannst ihn mit einem 1,60 m langen Effektgarnfaden. Das Fadenende verwebst du in der Mitte.

2 Dein Webfaden besteht aus je einem 1,50 m langen Woll- und Effektgarnfaden, die du zusammen verwebst. Beim Weben ziehst du den Faden in jeder Runde leicht an.

3 Ist dein Webrahmen voll, schneidest du die Fadenenden ab und bürstest die Fransen aus dem Gewebe. Danach nimmst du den Kreis vom Webrahmen, indem du die Schlingen der Spannfäden über die Abschnitte ziehst. Es geht leichter, wenn du die Abschnitte leicht nach vorne biegst.

4 Dann ziehst du den Kreis bis zur Hälfte zusammen, indem du vorsichtig am Fadenende des letzten Webfadens ziehst.

5 Nun legst du die Ränder der Länge nach nebeneinander und nähst die Öffnung mit Überwendlichstichen mit dem gleichen Faden zu. Auf diese Art und Weise werden alle Blütenblätter hergestellt.

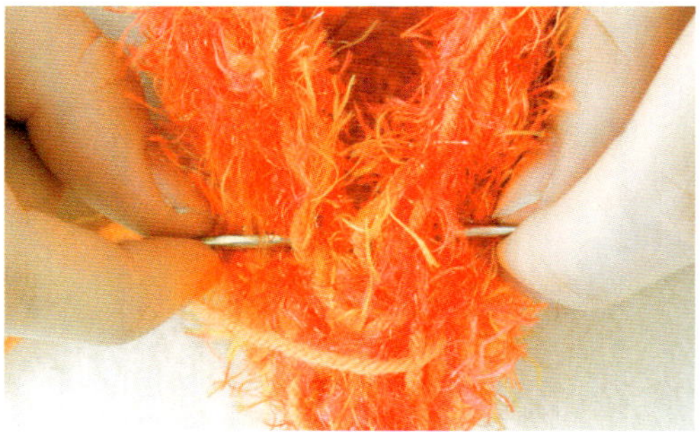

6 Die beiden lila Polarfleecekreise steckst du mit Stecknadeln rechts auf rechts zusammen und unterteilst sie in 12 gleich große Abschnitte.

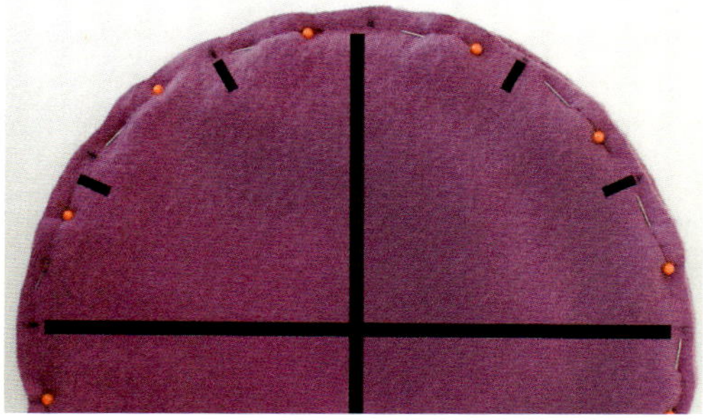

7 Danach nähst du den Stoff in der Mitte jedes Abschnitts auf einer Länge von 2 cm mit Rückstichen zu. Den letzten Abschnitt nähst du nicht zusammen – durch diese Öffnung drehst du den Stoff um und stopfst ihn mit Füllmaterial nicht zu fest aus. Anschließend nähst du die offene Stelle in der Mitte auf einer Länge von 2 cm mit Überwendlichstichen von außen zu.

8 Deine Kissenmitte hat jetzt insgesamt zwölf Öffnungen, in die du nacheinander die gewebten Blütenblätter steckst. Du fixierst sie zuerst mit Stecknadeln und nähst sie danach ringsherum mit Überwendlichstichen am Fleecerand fest.

9 Zum Schluss nähst du zuerst das Kordelband mit Vorstichen auf den Rand vom lila Fleece-Kreis und danach die gelben Häkelspiegel mit Überwendlichstichen auf die Kissenmitte.

Geschenkt!

Kindergeburtstage sind eine coole Sache – aber was bringst du nur mit? Wie wäre es mit etwas Selbstgewebtem? Für Unerschrockene (oder zu Halloween) gibt es eine Gruselspinne. Ein Traumfänger filtert Albträume. Partylichter, Glückspilze oder Jonglierbälle, wer kann da schon Nein sagen?

Indian Dreamcatcher

– fängt schlechte Träume ein!

Material

* Metallring aus gewelltem Flachdraht, ø 25 cm
* Paketschnur aus Hanf, mittlere Stärke, 2,40 m lang
* Filz in Türkis, 20 cm x 30 cm
* Lederband in Rot und Weiß, je 5 mm breit, 1 m lang
* 6 Deko- oder Hühnerfedern in Weiß, 10 cm lang
* 6 Chinchillafedern
* Vogelfeder (Bussard oder Krähe)
* Muschelstück mit Loch
* 4 Holzperlen in Weiß, ø 14 mm
* 2 Holzoliven in Weiß, 10 mm x 20 mm
* 10 Glasschliff- oder Kunststoffperlen, ø 10 mm
* 11 Glasschliff- oder Kunststoffperlen, ø 6 mm
* Bindedraht, ø 0,35 mm

1 Zuerst knotest du zwei 40 cm lange Schnurstücke kreuzweise am Drahtring fest – die zwei anderen Schnurstücke von 40 cm Länge spannst du dazwischen.

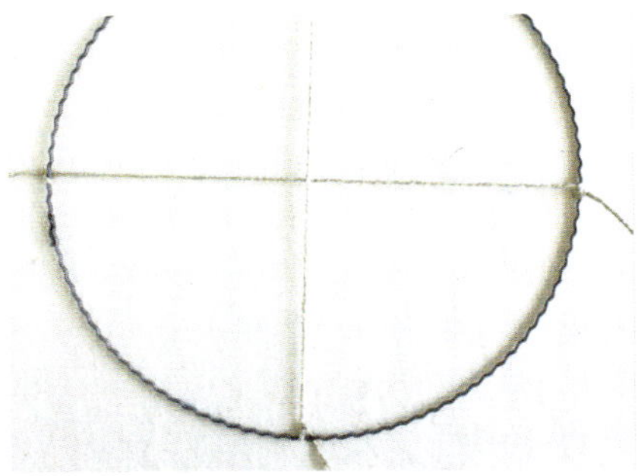

2 Danach schneidest du von der langen Seite des Filzstücks fünf Streifen zu je 1 cm Breite ab und wickelst sie um den Drahtring und über die Schnurenden. Dabei klebst du nur Anfang und Ende des Filzstreifens am Drahtring fest.

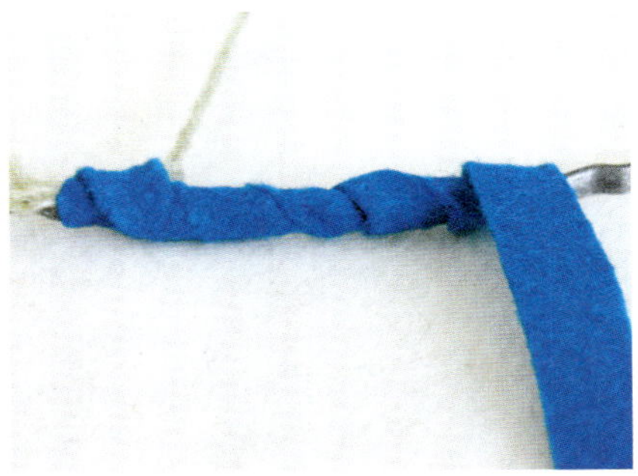

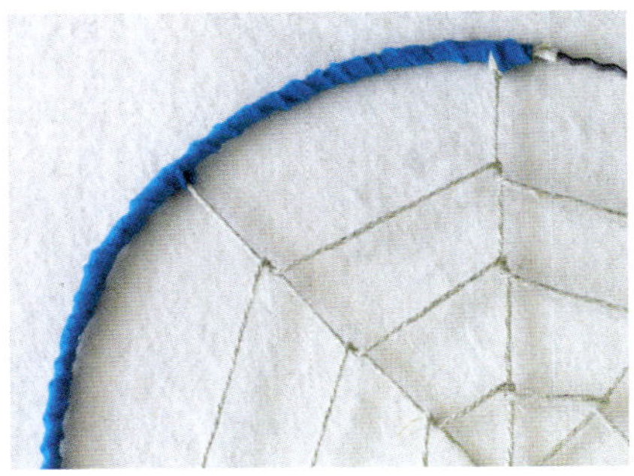

3 Zum Bespannen benötigst du eine 1,80 m lange Schnur, an deren Ende du zuerst das Muschelstück knotest und es dann im Mittelpunkt des Netzes befestigst.

4 Danach legst du die Schnur etwa 1 cm entlang eines Spannfadens, windest sie einmal herum, führst sie weiter zum nächsten Spannfaden und windest sie wieder herum usw. Dabei ziehst du die Schnur leicht an, damit das Netz stabil wird und vergrößerst dabei ständig den Radius. Das Ende verknotest du am Rand.

5 Jetzt schneidest du das weiße Lederband in vier gleich lange Stücke und klebst vier Filzstreifen mit je 1 cm Breite aneinander. Danach verwebst du wie auf dem Foto die Filzstreifen, ein weißes und das rote Lederband im Schnurgespinst. Damit die Lederbänder nicht nach innen rutschen, befestigst du sie mit den Perlen, durch die du ein Stück Draht gezogen hast, an den Spannfäden.

6 Zum Schluss befestigst du die übrigen drei Lederbänderstücke mit einer Schlinge am Drahtring, fädelst die Perlen auf und machst an allen Enden einen Knoten. Die Chinchillafedern klebst du auf die Hühnerfedern, bevor du sie neben dem Knoten in die Perle steckst – deine große Vogelfeder platzierst du im Muschelstück. Zum Aufhängen befestigst du ein Stück Schnur oben in der Mitte des Drahtrings.

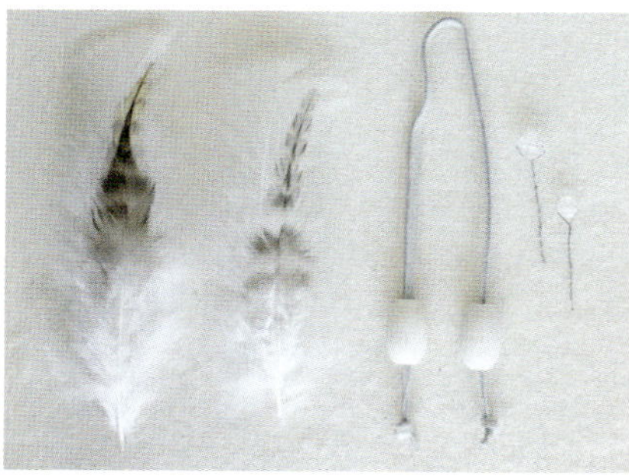

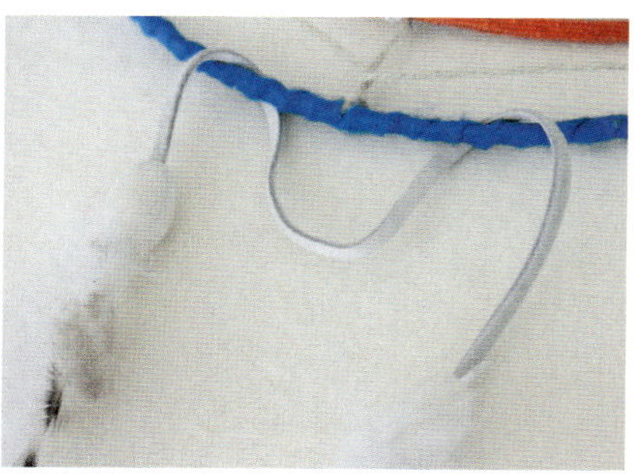

In vielen indianischen Kulturen sorgen Traumfänger für guten Schlaf: Er besteht immer aus einem Netz, das mit persönlichen Gegenständen dekoriert wird. In diesem Netz verfangen sich die Albträume. Am nächsten Morgen lösen sie sich in der Sonne auf. So kommen nur die schönen Träume zu dem, der unter dem Dreamcatcher schlummert.

Geburtstagslichter

aus Geschenkbändern

Material
„Happy Birthday"

* Lampenschirmfolie selbstklebend, 32 cm x 10 cm und 2 cm x 10 cm
* Architektenpapier, 32 x m x 8 cm
* Organzaband, in Dunkelgrün, Türkis und Pink, 1 cm breit, 60 cm lang
* Organzaband in Orange, 1 cm breit 70 cm lang,
* Organzaband in Gelb 1 cm breit 3,50 m lang
* Satinband in Türkis, 1 cm breit, 68 cm lang
* Blümchenborte in Regenbogenfarben, selbstklebend, 8 mm breit, 0,68 m lang
* Borte „Happy Birthday" in Pink, 1,5 cm breit, 34 cm lang
* doppelseitiges Klebeband, 3 mm breit
* Schmucksteine selbstklebend, ø 3 mm
* UHU Alleskleber

„Glamour Light"

* Lampenschirmfolie selbstklebend 32 cm x 10 cm und 2 cm x 10 cm
* Architektenpapier, 32 cm x 8 cm
* Organzaband in Hell- und Dunkelgrün, Türkis und Gold, 1 cm breit, 1,50 m lang
* Satinband in Türkis, 1 cm breit, 34 cm lang
* Geschenkband in Gold, 1 cm breit, 34 cm lang
* Effektdraht in Gold-Grün, 34 cm lang
* doppelseitiges Klebeband, 3 mm breit
* UHU Alleskleber

Werkzeug

* Flechtnadel
* Schere
* Lineal

„Happy Birthday"

1 Zuerst markierst du auf der Rückseite der Folie mit Hilfe eines Lineals und der umgedrehten Schere im Abstand von je 8 cm die späteren Knickstellen.

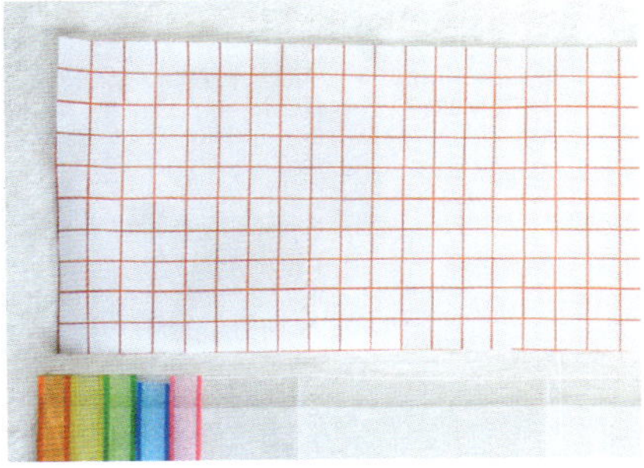

2 Nachdem du die Schutzfolie abgezogen hast, legst du sie genau unter die Lampenschirmfolie, damit du dich beim Aufkleben der Streifen an den Quadraten orientieren kannst. Danach klebst du das Architektenpapier mittig auf – sodass du auf beiden Seiten einen Kleberand von je 1 cm zu Verfügung hast.

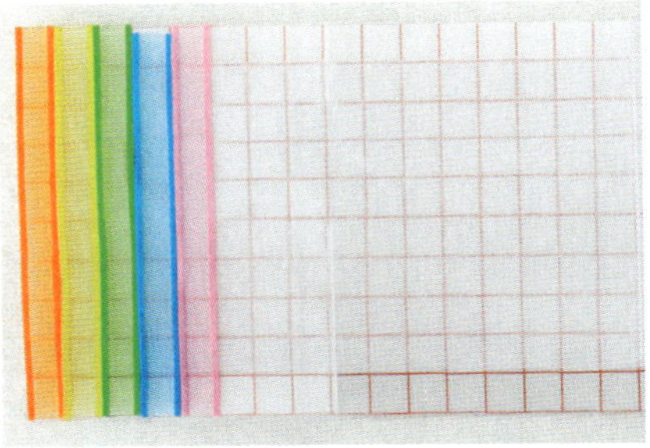

3 Zum Bekleben benötigst du insgesamt 32 Streifen vom Geschenkband mit je 10 cm Länge. Davon je sechs Stück in Grün, Türkis und Pink und je sieben Stück in Gelb und Orange. Du klebst die Streifen in der Reihenfolge orange – gelb – grün – blau – pink nacheinander an den Kleberändern fest, die zwei letzten Streifen sind orange und gelb.

4 Zum Weben benötigst du acht Streifen in Gelb mit einer Länge von je 34 cm die du nacheinander mit Hilfe der Flechtnadel einmal über und einmal unter die aufgeklebten Bänder legst. Anfang und Ende lässt du jeweils 1 cm überstehen. Danach klebst du doppelseitiges Klebeband auf der Rückseite an beide Ränder und befestigst die Enden der Bänder darauf.

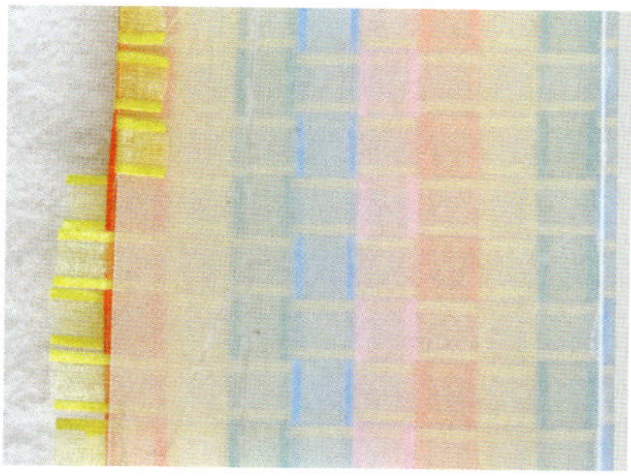

5 Nun faltest du das Windlicht an den Knickstellen zum rechten Winkel und klebst es mit dem kleinen Stück Folie, das du in der Mitte gefaltet hast, von innen her zusammen.

6 Danach klebst du mit wenig Klebstoff zuerst die Satinbänder und dann die Borte auf. Den Anfang vom Rand klebst du auf das letzte Viereck vor der zusammengeklebten Ecke, das Ende über diese Stelle.

7 Zum Schluss klebst du die Borte „Happy Birthday" mit doppelseitigem Klebeband auf und die selbstklebenden Schmucksteine in die Mitte der Blüten.

Achtung! Das Teelicht immer nur mit einem Glas ins Windlicht stellen und nur unter Aufsicht brennen lassen, ansonsten besteht Brandgefahr.

„Glamour Light"

Dieses Windlicht wird nach der gleichen Anleitung hergestellt, wie „Happy Birthday"

1 Zum Bekleben benötigst du je acht Streifen in Gold, Blau, Hell- und Dunkelgrün mit einer Länge von 10 cm. Zum Weben benötigst du je zwei Streifen in Gold, Blau, Hell- und Dunkelgrün mit einer Länge von je 34 cm.

2 Die Bänder klebst du in der Reihenfolge Blau-Gold-Dunkel- und Hellgrün auf. Gewebt wird in der gleichen Reihenfolge von oben nach unten.

3 Zum Schluss verteilst du jeweils acht Spiegel in gleichmäßigen Abständen auf den Vierecken, klebst zuerst die Bänder mit Klebstoff und dann den Effektdraht mit doppelseitigem Klebeband auf.

So ein Windlicht ist ein tolles Geschenk, wenn du auf eine Party eingeladen bist. Erkundige dich doch vorab nach den Lieblingsfarben des Gastgebers.

HAPPY BIRTHDAY

Jonglierbälle für Profis

im Streifenlook

Material

* dünne Wolle zum Strickfilzen in Rot und Schwarz, Gelb-Lila-Blau und Grün-Blau-Pink, 10 g pro Ball
* Wollreste in Gold und Silber
* Stopfgarn in Schwarz, Rot und Lila
* 3 Jonglierbälle aus Kunststoff, ø 7 cm

Werkzeug

* Pappe, 15 cm x 15 cm
* Zirkel
* Bleistift
* Lochzange
* Schere
* Lineal
* Stopfnadel

Vorlagen

Seite 77

Du kannst auch den Kern deines Jonglierballs selbst machen, indem du mithilfe eines Trichters Sand in einen Luftballon füllst und diesen dann fest verknotest. Um diesen schweren Gummiball legst du dann deine gewebte Ballhülle. Um ausgewogen jonglieren zu können, bietet es sich an, den Sand für jeden Ball abzuwiegen, damit die Bälle letztendlich alle dasselbe Gewicht haben.

1 Für den Webrahmen zeichnest du zuerst einen Kreis mit 7,5 cm Durchmesser auf die Pappe.

2 Danach teilst du den Umfang mit dem Zirkel in 21 Abschnitte ein (ein Abschnitt = 2,2 cm) und zeichnest einen zweiten Kreis mit 6,5 cm Durchmesser ein, damit du weißt, wie tief du die Abschnitte einschneiden musst. An jedem Schlitzende machst du mit der Lochzange ein Loch mittlerer Größe. Die Löcher nummerierst du von 1–21.

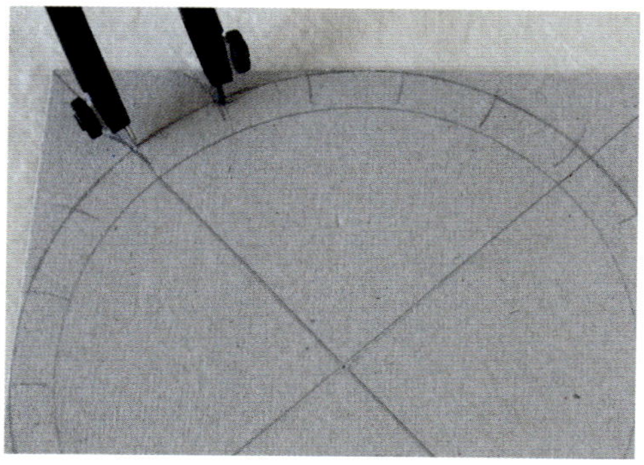

3 Zum Bespannen benötigst du einen Wollfaden von 1,80 m Länge in der Farbe der Mitte des jeweiligen Jonglierballs, an dessen Ende du einen dicken Knoten machst.

4a Der Jonglierball in Lila, Gelb und Blau entsteht aus zwei Kreisen mit einem Durchmesser von jeweils 10 cm. Dafür webst du eine violette Kreismitte und dann 12 Runden in Gelb, zwei Runden in Gold, sechs Runden in Hellblau, zwei Runden in Gold, sechs Runden in Dunkelblau, zwei Runden in Gold, 12 Runden in Lila, zwei Runden in Gold und abschließend zwei Runden in Lila.

4b Der Jonglierball in Schwarz, Blau, Grau und Silber entsteht aus zwei Kreisen mit einem Durchmesser von jeweils 10 cm. Dafür webst du eine schwarze Kreismitte und dann, sechs Runden in Blau, zwei Runden in Silber, zwei Runden in Grau, 12 Runden in Blau, zwei Runden in Schwarz, zwei Runden in Silber, sechs Runden in Grau, zwei Runden in Silber, zwei Runden in Schwarz, sechs Runden in Blau und vier Runden in Schwarz.

4c Für den Jonglierball in Rot, Gelb, Grün, Blau und Lila benötigst du zwei Kreise mit 10 cm Durchmesser. Du beginnst mit einer roten Kreismitte, dann webst du je acht Runden in Gelb, Grün und Blau, zehn Runden in Lila und abschließend 12 Runden in Rot.

5 Du fädelst den Faden zuerst durch Loch 1 und spannst ihn dann zu Loch 12, führst ihn auf der Rückseite zu Loch 13 und auf der Vorderseite zu Loch 2, auf der Rückseite zu Loch 3 und dann auf der Vorderseite zu Loch 14 usw. Wenn du den Pappwebrahmen beim Bespannen gegen den Uhrzeigersinn drehst und die einzelnen Abschnitte leicht nach vorne drückst, geht es leichter.

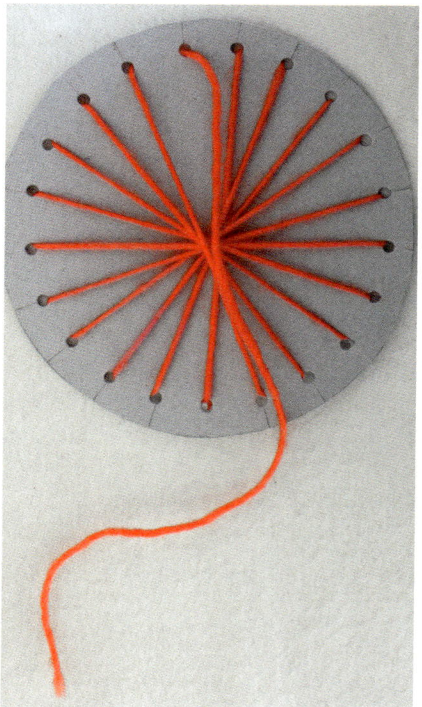

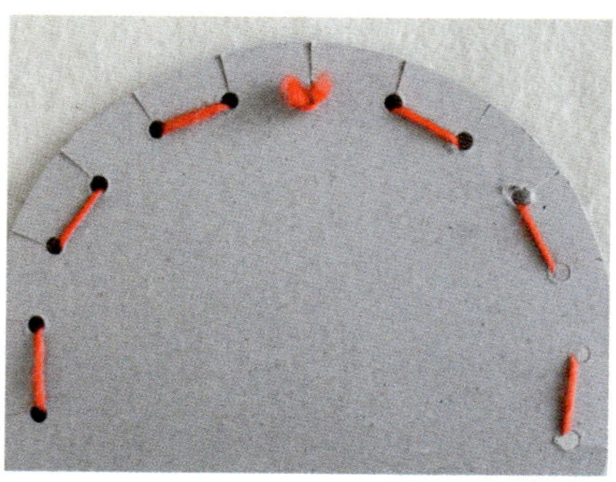

6 Das Fadenende führst du zuerst unter und dann zurück über den Mittelpunkt aller Fäden und ziehst es fest an, um die Mitte zu fixieren.

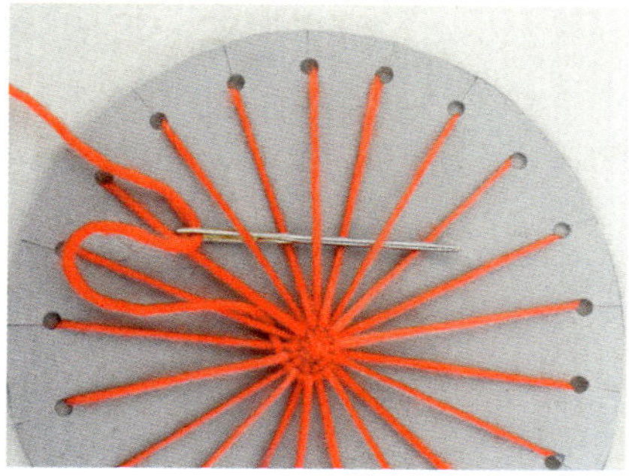

Danach verwebst du den Fadenrest, indem du ihn abwechselnd über und unter einen Spannfaden legst.

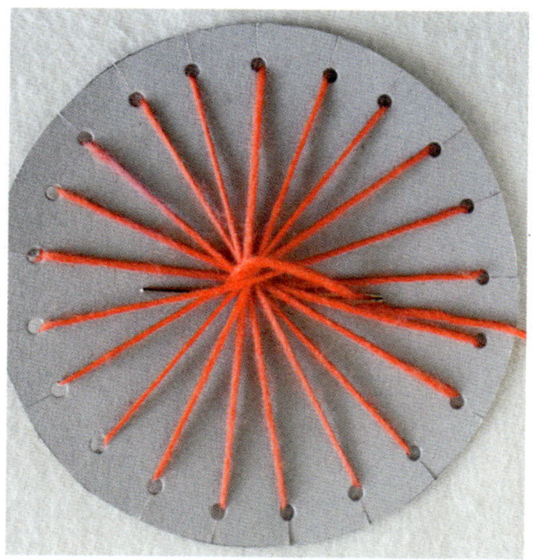

7 Mit der neuen Farbe beginnst du am gleichen Spannfaden, bei dem du mit der alten Farbe aufgehört hast, lässt die Fadenenden etwas überstehen und webst wie gewohnt weiter.

8 Hat dein Webstück einen Durchmesser von 10 cm erreicht, hebst du es vom Rahmen, indem du die Abschnitte leicht nach vorne biegst und die Schlingen darüber ziehst. Danach wölbt es sich wie eine kleine Schale. Die zweite Hälfte webst du genauso.

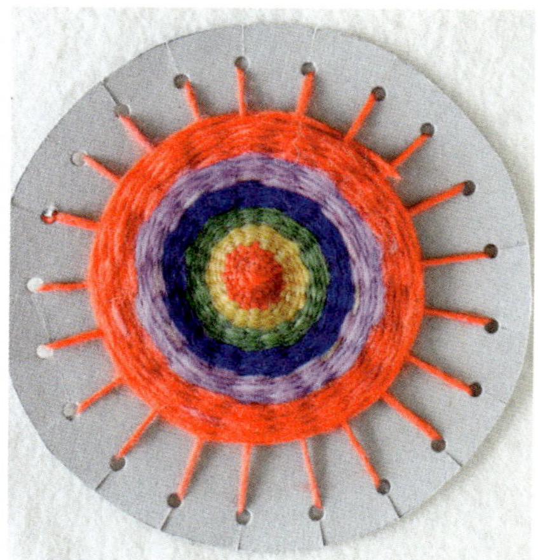

Anfänger lernen das Jonglieren wesentlich leichter, wenn sie mit drei verschiedenfarbigen Bällen trainieren. Webe einen grünen, einen roten und einen blauen Ball. Du wirst sehen, mit diesen tollen Bällen lernst du das Jonglieren spielend leicht! Die Ringelbälle sind also was für Profis.

9 Anschließend wäschst du die Schale bei 40 °C in der Waschmaschine. Vor dem Trocknen musst du sie evtl. noch etwas in Form ziehen, sodass sie über die Hälfte deines Jonglierballs passt.

10 Zum Schluss legst du die beiden Hälften um den Jonglierball und nähst sie mit farblich passendem Stopfgarn mit Überwendlichstichen zusammen. Viel Spaß beim Jonglieren!

So kannst du das Jonglieren lernen

1 Fange ganz ruhig damit an, kontrolliert einen Ball mit der rechten und linken Hand zu werfen. Wenn du jedes Mal fängst, kannst du zur nächsten Übung übergehen.

2 Halte in jeder Hand einen Ball und werfe die Bälle nacheinander hoch. Wenn der erste am Umkehrpunkt ist, folgt der zweite. Übe, die Bälle direkt vor dir nach oben zu werfen. Stelle dich dazu mit dem Gesicht zu einer Wand. So kannst du überprüfen, dass du deine Bälle nicht nach vorn wirfst. Nicht nach den Bällen greifen, sondern in die Handflächen fallen lassen.

3 Jetzt kannst du damit beginnen, über Kreuz zu werfen: Die Bälle wechseln die Hände, von der werfenden in die fangende und umgekehrt, dabei kreuzen sich die Flugbahnen.

4 Jetzt versuche, in einer Hand zwei Bälle zu halten, einen roten und einen blauen, in der anderen nur einen Ball, einen grünen. Im Umkehrpunkt des blauen den grünen Ball werfen, um den blauen fangen zu können und im Umkehrpunkt des grünen den roten werfen.

Fröhliche Glückspilze

in Pink und Rot

Material

* dünne Wolle zum Strickfilzen in Rot, 3,20 m pro Pilz
* dicke Wolle zum Strickfilzen in Pink, 8 g und in Rot, 12 g
* Textilfilz in Weiß, 30 cm x 10 cm (großer Pilz), 30 cm x 7,5 cm (kleiner Pilz)
* Textilfilz in Hellgrün, 14 cm x 3,5 cm je Pilz
* Filzkreis, ø 8 cm je Pilz
* 8 Pompons in Weiß, ø 10 mm
* 22 Pompons in Weiß, ø 7 mm
* Stopfgarn in Rot
* Nähseide in Weiß und Grün
* Füllwatte
* Hutgummi, 40 cm lang
* Textilkleber

Werkzeug

* Rundwebrahmen
* Webnadel
* Nähnadel
* Stecknadeln
* Wollnadel
* Tennisball
* Schere
* Lineal

Vorlagen

Seite 76

Großer Pilz

1 Zuerst nummerierst du die Löcher deines Webrahmens von 1-25 mit einem Bleistift.

2 Zum Bespannen deines Webrahmens benötigst du einen dünnen roten Wollfaden von 3,20 m Länge, den du mit Hilfe der Wollnadel von außen nach innen durch Loch 1 fädelst und das Ende am Webrahmen verknotest.

3 Danach fädelst du den Wollfaden von innen nach außen durch Loch 14, dann durch Loch 15 und zurück zu Loch 2, dann zu Loch 3 und anschließend zu Loch 16 usw. Es geht leichter, wenn du den Webrahmen dabei gegen den Uhrzeigersinn drehst.

! Willst du ein Gewebe verfilzen, müssen auch die Spann- und Webfäden aus Wolle zum Strickfilzen sein.

4 Zum Schluss gehst du mit dem Fadenende unter dem Mittelpunkt aller Fäden zuerst unten durch und danach oben drüber, um die Mitte zu fixieren. Den Fadenrest verwebst du, indem du ihn im Uhrzeigersinn abwechselnd einmal über und einmal unter die Spannfäden führst.

5 Das Fadenende lässt du etwa 2 cm überstehen, bevor du am gleichen Spannfaden mit einem 1,5 m langen, dicken roten Wollfaden und einer Webnadel erneut mit dem Weben beginnst, wie unter Punkt 4 beschrieben.

6 Hat dein Kreis einen Durchmesser von 14 cm erreicht, schneidest du die Fadenenden ab und die Spannfäden außen am Webrahmen in der Mitte durch. Danach verknotest du jeweils zwei nebeneinander liegende Fäden und ziehst das Hutgummi durch den Rand.

7 Danach legst du einen Tennisball in die Mitte, ziehst den Kreis mit dem Hutgummi vorsichtig zusammen und wäschst die Pilzkappe bei 40 °C in der Waschmaschine.

8 Nach dem Trocknen ziehst du das Hutgummi und den Tennisball heraus, nähst die großen Pompons auf die Pilzkappe und klebst die kleineren dazwischen.

9 Für den Stiel schneidest du aus dem weißen Textilfilz ein Rechteck von 30 cm x 10 cm zu, das du locker von der Seite her aufrollst und seitlich mit Überwendlichstichen zusammennähst. Den Filzkreis ø 8 cm, zeichnest du mit einem runden Gegenstand oder einem Zirkel auf, schneidest ihn aus und nähst ihn mit Vorstichen mittig auf die Filzrolle, indem du einmal durch den Filzkreis und einmal durch den oberen Rand vom Stiel stichst.

10 Nachdem du die Filzkappe mit der Füllwatte ausgestopft hast, steckst du Ober- und Unterteil zunächst mit Stecknadeln aufeinander und nähst sie anschließend mit Vor- oder Überwendlichstichen zusammen.

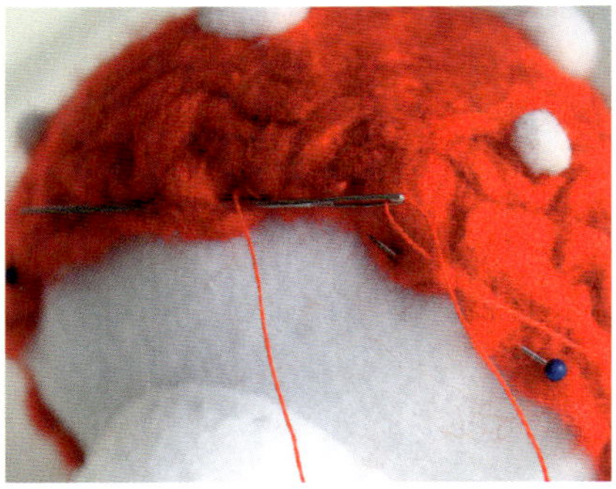

11 Das Gras, das du mit Hilfe der Schablone herstellst, nähst du zuerst seitlich zusammen, stellst den Pilz hinein und nähst es dann auf der Unterseite an der Filzrolle fest.

Kleine Pilze

1 Für die kleinen Pilze benötigst du gewebte Kreise von 10 cm–12 cm Durchmesser. Sie werden ohne Tennisball gewaschen – du musst sie vor und nach der Wäsche mit deinen Händen vorsichtig in Form ziehen. Du kannst die Kreise wie die Jonglierbälle auch auf einem Pappwebrahmen weben.

2 Die Spannfäden sind bei allen Pilzen rot – deshalb hat der pinke Pilz eine rote Spitze. Für den Webfaden nimmst du wie beim großen Pilz dicke Filzwolle.

3 Für den Stiel benötigst du einen Filzkreis mit Durchmesser 8 cm und ein Rechteck mit 30 cm x 7,5 cm. Natürlich kannst du auch große pinke Pilze weben oder du nimmst braune Wolle für die Pilzkappe, dann bekommst du einen Steinpilz.

Suche dir eine schöne Stelle in deinem Kinderzimmer aus, an der die Pilze besonders gut zur Geltung kommen. In deiner Fantasie wachsen sie in einem verwunschenen Zauberwald, in dem märchenhafte Figuren, wie Zwerge, gute Feen oder böse Hexen leben, vielleicht auch Räuber oder andere finstere Gestalten. Findest du in deinem Kinderzimmer die entsprechenden Figuren für dieses Spiel? Wenn nicht, überlege dir, wie du sie basteln könntest.

Haarige Spinne

Deko für Gruselpartys

Material
Spinne
- dünne Wolle zum Strickfilzen in Schwarz, 10 g
- Effektgarn in Schwarz, 5 g
- Textilfilzkreis in Schwarz, ø 8 cm
- Pappkreise, ø 4 cm
- 4 Chenilledrahtstücke in Schwarz, 25 cm lang
- 2 Wackelaugen mit Wimpern, ø 7 mm
- 18 Schmucksteine in Transparent, selbstklebend
- Nähseide in Schwarz
- Hutgummi, 40 cm lang
- Buntstift in Weiß
- Füllwatte
- Textilkleber

Spinnennetz
- 3 Aludraht-Stäbe, ø 2 mm, 40 cm lang
- Bindedraht in Silbergrau, ø 0,35 mm, 1,50 m lang
- Wolle in Silbergrau, 3,6 m

Werkzeug
- Rundwebrahmen
- Webnadel
- Wollnadel
- Nähnadel
- weiche Bürste
- Stecknadeln
- Schere
- Lineal
- Textilkleber

Vorlagen
Seite 77

Spinne

1 Zuerst bespannst du deinen Webrahmen mit 3,10 m der schwarzen Wolle zum Strickfilzen nach der Anleitung des Fliegenpilzes.

2 Für den Webfaden benötigst du je 1,50 m von der schwarzen Wolle zum Strickfilzen und vom Effektgarn, das du zusammen verwebst. Wie du webst, siehst du bei der Anleitung des Fliegenpilzes.

3 Wenn du einen Kreis mit 12 cm Durchmesser gewebt hast, musst du die Fransen des Effektgarns mit einer weichen Bürste vorsichtig aus dem Gewebe bürsten.

4 Danach schneidest du alle Fadenenden ab und die Spannfäden außen am Rand durch, verknotest jeweils zwei nebeneinander liegende Fäden miteinander und ziehst das Hutgummi mit der Nadel durch den Rand.

5 Jetzt legst du den Tennisball in die Kreismitte, ziehst das Hutgummi von beiden Seiten vorsichtig zu, machst eine doppelte Schleife und wäschst den Spinnenkörper bei 40 °C zusammen mit schwarzer Wäsche.

6 Nach dem Trocknen entfernst du Hutgummi und Ball, steckst den Spinnenkörper und den Filzkreis mit Stecknadeln zusammen und nähst beide Teile mit schwarzem Nähgarn mit Vorder- oder Überwendlichstichen zusammen. Für den Kopf musst du eine Öffnung von ca. 3 cm freilassen. Den Filzkreis erhältst du, indem du einen runden Gegenstand mit dem weißen Stift umrandest und ihn anschließend ausschneidest.

7 Für den Kopf stellst du mit Hilfe der Schablone einen Pompon aus schwarzer Wolle zum Strickfilzen her. Wie das geht, siehst du auf Seite 7. Anschließend wäschst du ihn bei 40 °C in der Waschmaschine.

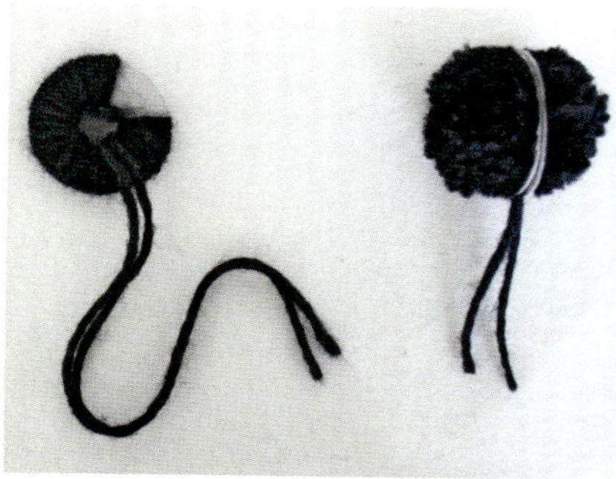

8 Jetzt stopfst du den Spinnenkörper mit der Füllwatte aus, steckst den Pompon zu einem Drittel in die Öffnung und nähst ihn mit Überwendlichstichen ringsherum am Rand der Öffnung fest.

9 Die Chenilledrahtstücke umwickelst du nicht zu fest mit dem Effektgarn – dabei werden nur Anfang und Ende festgeklebt.

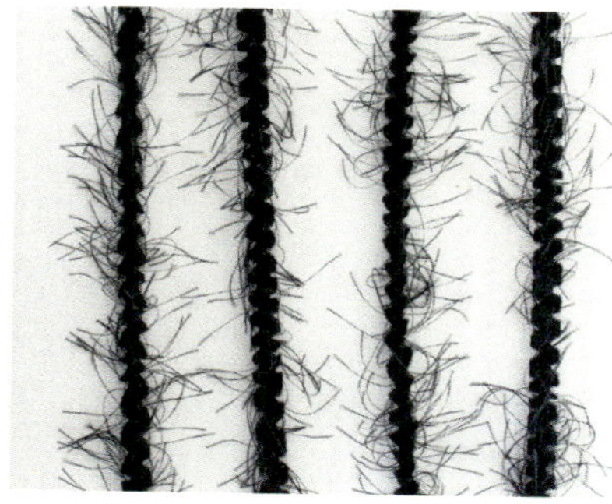

10 Danach nähst du die Beine mit etwas Abstand zueinander an der Unterseite des Körpers mit Überwendlichstichen fest. Beim Annähen darauf achten, dass die Beine auf beiden Seiten gleich lang sind.

11 Zum Schluss klebst du die Schmucksteine in Kreuzform auf den Rücken und die Wackelaugen auf den Kopf und biegst die Spinnenbeine in die gewünschte Form.

Spinnennetz

1 Für das Spinnennetz benötigst du drei Aludraht-Stäbe, die du der Länge nach jeweils nach 8 cm im rechten Winkel nach unten biegst. Anschließend ziehst du das Viereck an beiden Enden langsam auseinander, sodass U-förmige Bögen entstehen.

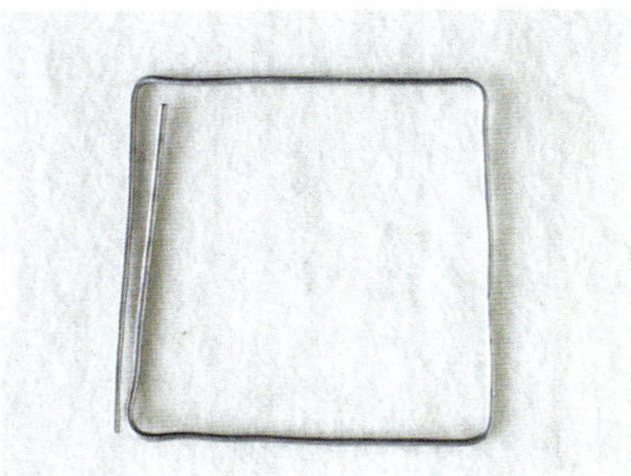

2 Danach legst du die gebogenen Drähte kreisförmig aneinander, sodass die Drahtenden sich bis zum nächsten Knick überlappen. Die Schnittstellen umwickelst du jeweils zuerst mit 50 cm Bindedraht und danach mit 35 cm Wollfaden, bei dem du Anfang und Ende festklebst.

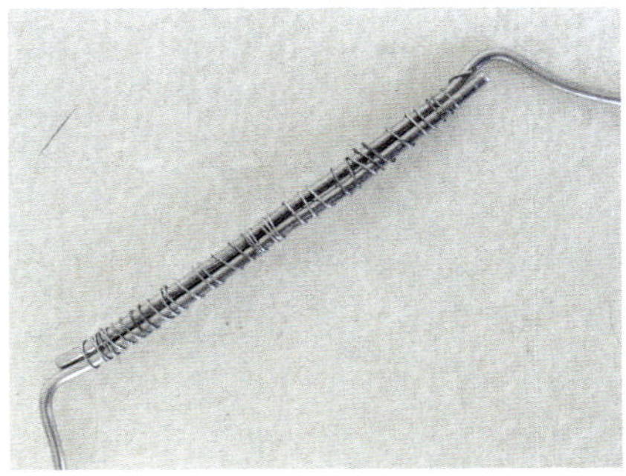

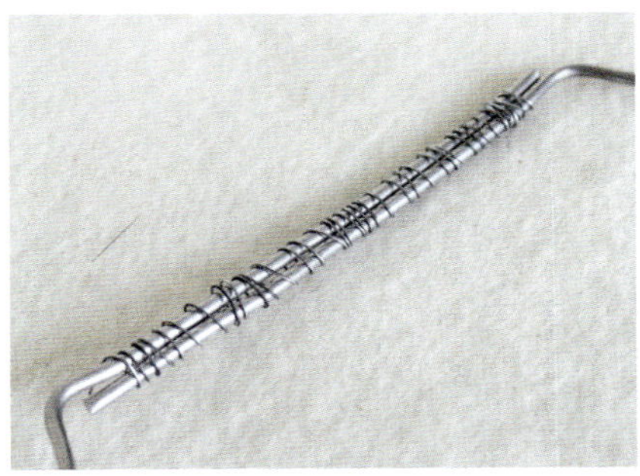

3 Für das Netz benötigst du sechs Fäden mit je 40 cm Länge, die du jeweils am Knick verknotest und zur gegenüberliegenden Seite spannst. Die Fadenenden eventuell etwas kürzen und am Draht festkleben. Achte darauf, dass sich beim Spannen der Fäden die Drahtform nicht verbiegt!

4 Jetzt knotest du einen 1,20 m langen Wollfaden in der Mitte des Netzes fest und führst ihn eine Runde einmal über und einmal unter die Spannfäden. Danach führst du ihn ca. 1 cm entlang eines Spannfadens, windest ihn einmal herum und gehst weiter zum nächsten Spannfaden, windest ihn wieder herum und gehst weiter zum nächsten Spannfaden usw. Dabei ziehst du den Faden leicht an, damit das Netz stabil wird und vergrößerst den Radius dabei ständig schneckenhausförmig. Das Fadenende verklebst du am Drahtrand und knotest einen längeren Wollfaden zum Aufhängen daran fest.

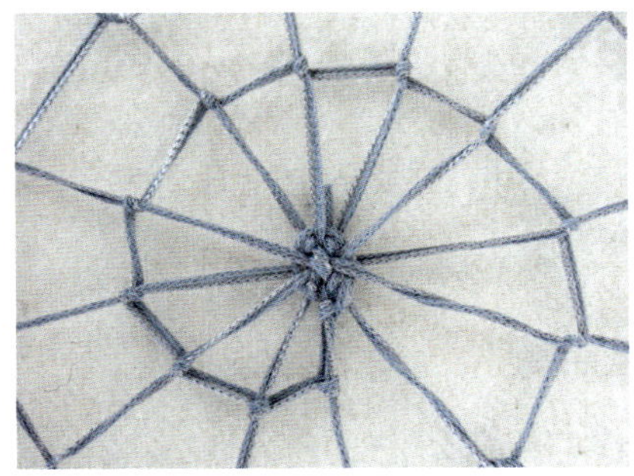

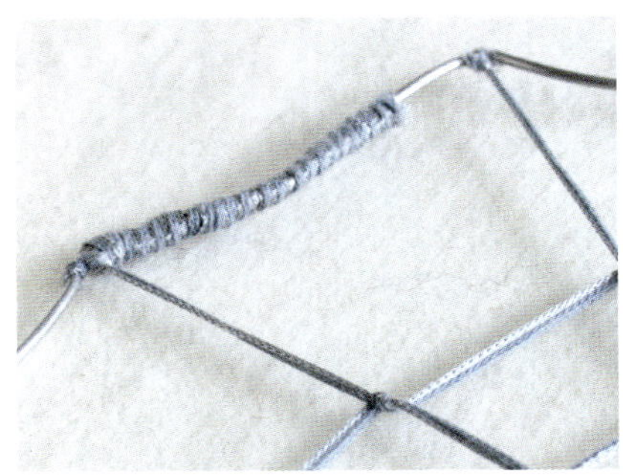

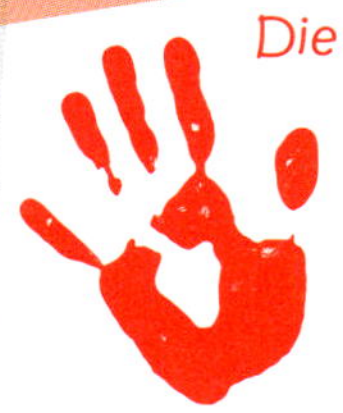

Die Gruselspinne ist eine unheimliche Halloween-Dekoration. Lasse sie an einem Gummi- oder Nylonfaden von der Decke hängen, dekoriere mit ihr den Tisch oder dein Hexenkostüm. Aber auch unterm Jahr kann man mit der Spinne prima Leute erschrecken!

Vorlagen

Quadratisch & bequem

SEITE 44

Fröhliche Glückspilze

SEITE 68

Haarige Spinne

SEITE 72

Henne Berta

SEITE 28

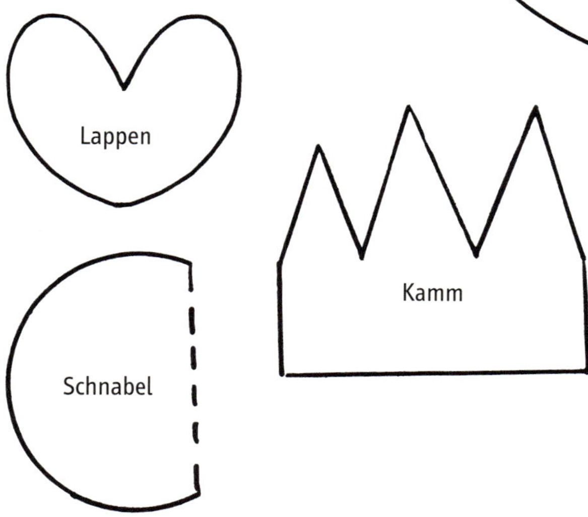

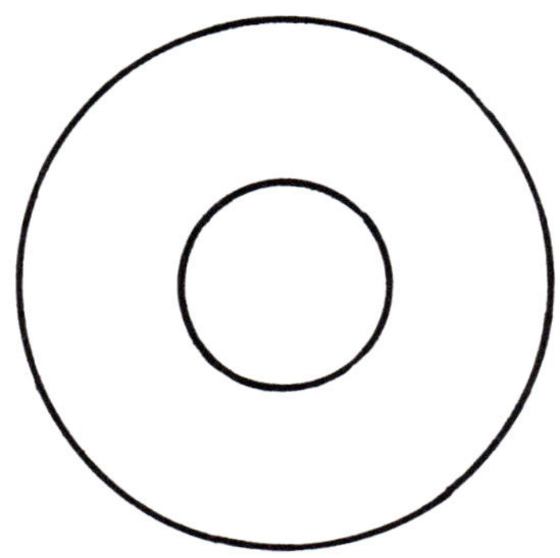

Haarige Spinne

SEITE 72

Fröhliche Glückspilze

SEITE 68

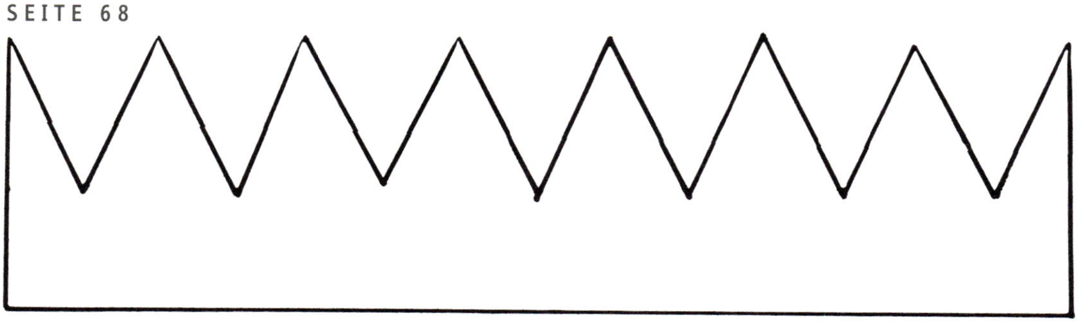

Schmucke Täschchen

SEITE 12

Handyhülle

Kleiner grüner Kaktus

SEITE 34

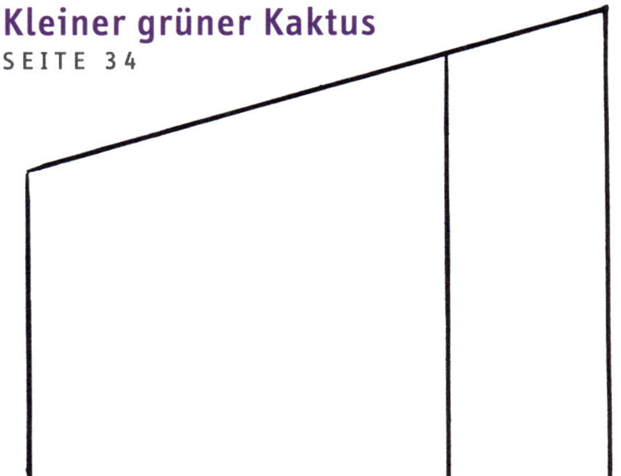

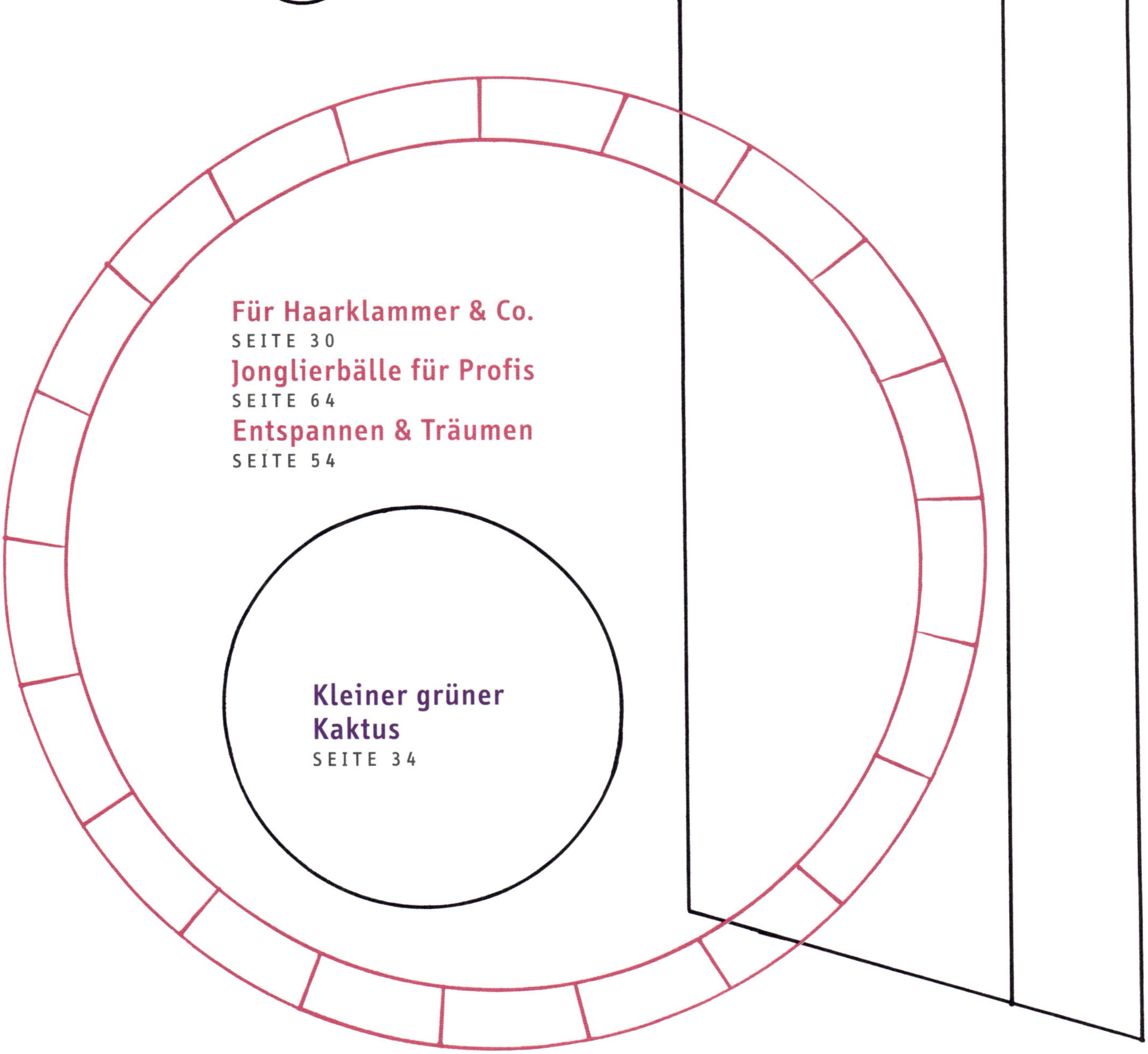

Für Haarklammer & Co.

SEITE 30

Jonglierbälle für Profis

SEITE 64

Entspannen & Träumen

SEITE 54

Kleiner grüner Kaktus

SEITE 34

Buchtipps für dich

-GEMACHT!

TOPP 5759

ISBN 978-3-7724-5759-3

TOPP 5765

ISBN 978-3-7724-5765-4

TOPP 5761

ISBN 978-3-7724-5761-6

TOPP 5776

ISBN 978-3-7724-5776-0

TOPP 5774

ISBN 978-3-7724-5774-6

TOPP 5753

ISBN 978-3-7724-5753-1

TOPP 5782

ISBN 978-3-7724-5782-1

TOPP 5755

ISBN 978-3-7724-5755-5

TOPP 5764

ISBN 978-3-7724-5764-7

TOPP 6721

ISBN 978-3-7724-6721-9

TOPP 5780

ISBN 978-3-7724-5780-7

TOPP 5787

ISBN 978-3-7724-5787-6

TOPP 5783

ISBN 978-3-7724-5783-8

TOPP – Unsere Servicegarantie

WIR SIND FÜR SIE DA! Bei Fragen zu unserem umfangreichen Programm oder Anregungen freuen wir uns über Ihren Anruf oder Ihre Post. Loben Sie uns, aber scheuen Sie sich auch nicht, Ihre Kritik mitzuteilen – sie hilft uns, ständig besser zu werden.

Bei Fragen zu einzelnen Materialien oder Techniken wenden Sie sich bitte an unsere Kreativ-Hotline, Frau Erika Noll.

Das Produktmanagement erreichen Sie unter:

pm@frechverlag.de
oder:
frechverlag
Produktmanagement
Turbinenstraße 7
70499 Stuttgart
Telefon 07 11 / 8 30 86 68

LERNEN SIE UNS BESSER KENNEN! Fragen Sie Ihren Hobbyfach- oder Buchhändler nach unserem kostenlosen Kreativmagazin **Meine kreative Welt**. Darin entdecken Sie vierteljährlich die neuesten Kreativtrends und interessantesten Buchneuheiten.

Oder besuchen Sie uns im Internet! Unter **www.topp-kreativ.de** können Sie sich über unser umfangreiches Buchprogramm informieren, unsere Autoren kennenlernen sowie aktuelle Highlights und neue Kreativtechniken entdecken, kurz – die ganze Welt der Kreativität.

Kreativ immer up to date sind Sie mit unserem monatlichen **Newsletter** mit den aktuellsten News aus dem frechverlag, Gratis-Bastelanleitungen und attraktiven Gewinnspielen.

Ute Fischer, wohnt mit ihrem Mann und zwei erwachsenen Söhnen in Eislingen/Fils. Als Jugendliche entdeckte sie durch Ausprobieren verschiedener Basteltechniken und Materialien ihre Freude am kreativen Tun. Auch in ihrer langjährigen Tätigkeit als Kindergartenleiterin legte sie großen Wert auf die Entfaltung von Kreativität bei Kindern. In ihrer Freizeit bastelt sie regelmäßig mit Kindern und Jugendlichen, beispielsweise im Rahmen des Schülerferienprogramms. Für Erwachsene gibt sie Kurse bei der VHS Eislingen. 2008 gewann sie mit ihrer „Pullovertasche" den TOPP-Kreativpreis, seit 2009 ist sie Kreativautorin im frechverlag sowie Teil des Leserbeirats.

DANKE

Vielen Dank an meine Söhne Cedric und Quirin, die mich bei der Arbeit am Computer tatkräftig unterstützt haben. Ein besonderer Dank geht an Jaqueline Brandt für die tollen Schrittfotos! Außerdem danke ich Frau Detzel für die gute Zusammenarbeit und der Firma Rayher, Laupheim für die freundliche Unterstützung mit Materialien.

Impressum

Neugestaltung von TOPP 5733

FOTOS: frechverlag GmbH, 70499 Stuttgart; Jaqueline Brandt, Eislingen (alle Arbeitsschrittfotos); lichtpunkt, Michael Ruder, Stuttgart (alle Modellfotos)

PRODUKTMANAGEMENT: Anja Detzel

LEKTORAT: Anja Detzel

LAYOUT: Karoline Steidinger

DRUCK UND BINDUNG: Neografia, Slowakei

1. Auflage 2013

ISBN 978-3-7724-5789-0 • Best.-Nr. 5789

Kreativ-Hotline

Hilfestellung zu allen Fragen, die Materialien und Bücher zu kreativen Hobbys betreffen: **Frau Erika Noll** berät Sie. Rufen Sie an oder schreiben Sie eine E-Mail!

Telefon: 0 50 52 / 91 18 58*

*normale Telefongebühren

E-Mail:
mail@kreativ-service.info

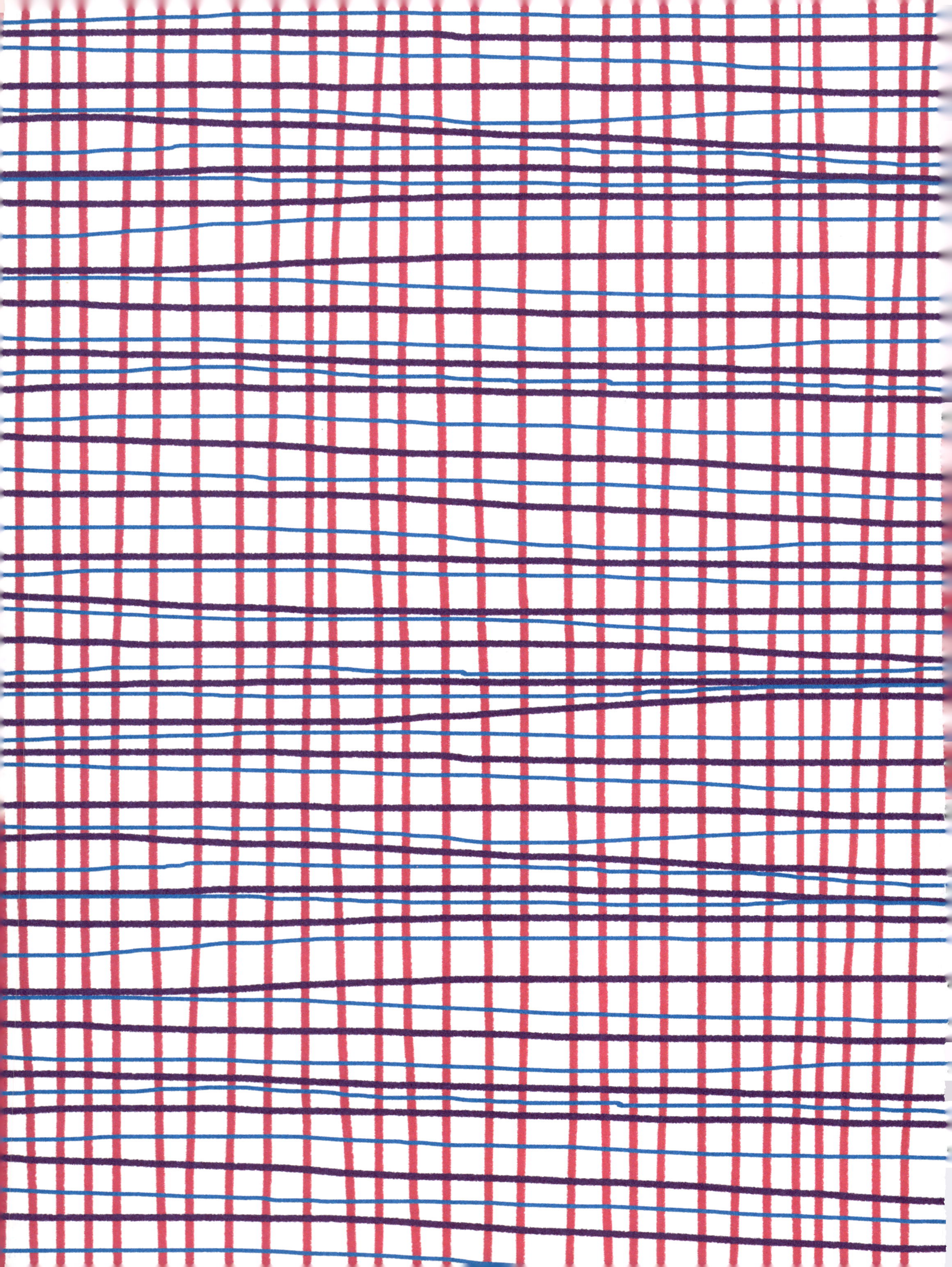